だいわ文庫

論語と老子の言葉

「うまくいかない」を抜け出す
2つの思考法

田口佳史

大和書房

目次

1章 学びとは――20
誰もが「学びを得る」ということに必死な時代に

2章 欲望とは――46
出世やお金を求めてしまうのは悪いことなのか

3章 競争社会とは――72
このまま疲弊していくのかと、思い悩む

4章 休息とは――94
倒れるほど疲れ切ってしまう前に

5章 豊かさとは――116
お金と心と、どちらも満たされたい

6章 成功とは――142
漠然と、人生の成功者になりたい…

7章 女性の活躍とは――172
結局は、男性社会の枠組みで考えられていないか

8章 リーダーシップとは――190
人を動かす、正解がわからない

9章 老いとは――218
失っていくことに、意味はあるのか

10章 人間関係とは――236
時代が変わろうとも、人生最大のテーマ

はじめに

「上り坂の儒家《じゅか》、下り坂の老荘《ろうそう》」という言葉があります。


儒家とは、文字通り「儒家の思想」、論語のことです。

老荘とは、老子の思想を指します。

人生が上り坂でいろいろなことがうまくいっているときは論語を読み、人生が下り坂で「なかなか、うまくいかないな」と感じるときには老子の思想に触れてみる。

そんな言葉です。


どちらかと言うと、論語の教えは厳格で、真面目。人としての正しさ、道徳のようなものを教えてくれます。

たとえば、論語には「仁・義・礼・智」という重要な言葉が出てきます。

仁とは、思いやりの心をもって、
人と人とのつながりを大切にする心。
義とは、自分をしっかり律して、
物事の筋をきちんと通すこと。
礼とは、相手を敬い、尊重し、
謙虚な気持ちで向き合うこと。
智とは、人間としての心をもって、
さまざまなことを学び、本質を理解すること。

論語

こうした人間社会で生きていくための大前提、道理を論語は説いています。経営やビジネス、組織論、リーダーシップなどにおいても、変わることなく重要な考え方ばかり。

多くの経営者が好んで論語を読み、自らの経営哲学としているのも納得です。仕事、プライベートにかかわらず、ものごとがうまくいっているとき、人はつい傲慢になったり、調子に乗ったりしてしまいます。

そんなとき、論語の教えが初心を思い出させてくれます。人としての正しさを説き、ビシッと背筋を伸ばしてくれるわけです。

しかし、こうした真面目で厳格な教えほど、ときに息苦しく、窮屈に感じることがあります。

精一杯人生を生き、仕事に勤《いそ》しみ、周りの人を大切にして、真面目に、誠実に日々を過ごしていたとしても、いつもうまくいくわけではありません。

人生には、山もあれば、谷もある。
そんな苦しい状況のとき、論語の教えに触れたとしたらどうでしょうか。

すでに必死で生きているというのに、追い打ちをかけるように「仁・義・礼・智が大事だ！」「驕《おご》ることなく、真剣に学びなさい！」なんて言われたら、それこそ救いがありません。

正しい教えは、正しいがゆえに、ときに人を追い詰めます。
大きな壁の前で立ちすくみ、呆然としてしまうこともあるでしょう。

どんな人も人間ですから、そんなに強くはありません。
人生が下り坂のときには、もう少し違った思想やアプローチにすがりたくなるものです。

目の前にそびえ立つ壁に対し、まともに正面から向き合うのではなく、違った視点を持って、別の発想からアプローチしてみたくなることは、誰にだってあります。

「論語」に「老子」をプラスする

そんなとき、おすすめなのが「老子」です。

老子の教えの特徴は、自由で、伸びやかで、自然であること。

人や社会という「世俗的なもの」を軽々と飛び越え、「自然」や「宇宙」にまで広がっていく壮大な教えです。

論語に比べて「やさしい」と言うのは語弊がありますが、目の前に広がっている世界観はまるで違います。

老子の有名な言葉に次のようなものがあります。

上善《じょうぜん》は水《みず》の若《ごと》し。水《みず》善《よ》く萬物《ばんぶつ》を利《り》して争《あらそ》わず。
衆人《しゅうじん》の惡《にく》む所《ところ》に處《お》る。故《ゆえ》に道《みち》に幾《ちか》し。

老子

最上の善とは、水のように生きること。
水はあらゆるものに恵みを与えておきながら、何ものとも争うことがない。
誰もが嫌がるような低いところに溜まり、落ち着く。
それこそが「道」のあり方に近いものだ。

最後に出てくる「道」とは、老荘思想に貫かれている「あり方」や「考え方」を象徴的に示した言葉です。
老子における「道」とは何か。

そんなことを語り出したら紙幅がいくらあっても足りませんし、老子自身が「道は、言葉だけで理解できるようなものではない」と言っています。

ぜひとも本書を読み進めるなかで、あなた自身に考えてもらいたいと思います。

「道」の解釈はとりあえず置くとしても、「上善は水の若し」という一文を読むだけで、老荘思想の伸びやかで、自然な雰囲気が感じ取れます。

たとえば、仕事でうまくいかず、落ち込んでいるとき。

人間関係に悩み、日々、つらい思いをしているとき。

他人の成功や幸せが妬ましく、心穏やかでいられないとき。

老子はただ「上善は水の若し」と言います。

どんなときでも、水はただ淡々と流れていきます。

高いところから低い方へ。真っ直ぐな場所では真っ直ぐに、曲がっているときは曲がっている道筋に逆らわず。そして、誰もが嫌がるような低いところに留まり、そこでじっとしています。

そんなあり方を老子は「最上の善」と説いたのです。

今、自分自身が抱えている問題に対する感じ方や受け止め方が、少なからず変わってくるのではないでしょうか。

老子がおもしろいのは、ただ「低いところに留まっていればいいんだよ」とは言わないところです。

別にこんな言葉もあります。

天下の至柔《しじゅう》は、天下の至堅《しけん》を馳騁《ちてい》し、
有《う》無《な》きは間《ひま》無《な》きに入《い》る。

老子

世の中でもっとも柔らかいものが、堅いものを突き動かすことができる。

形のないものは、隙間がない、どんなところにも入っていける。


この短い文章には、重要な二つのメッセージが込められています。

一つ目は、「雨だれ石をも穿《うが》つ」と言い換えられるメッセージです。

水というのは、誰とも争わず、川の形状に沿ってただ流れていきます。

しかし、それで弱い存在かと言えば、そんなことはありません。ポトリポトリと落ちる雨粒が、長い歳月をかけて堅い石に穴を開けてしまうほどの強さを持っている。

本当に強いのは、堅固な石ではなく、柔らかな水である。

そんなことを老子はさり気なく教えています。

二つ目のメッセージでは「水のように柔らかで、形のないものは、どんなところへも入っていける」という柔軟さを説いています。

たとえば、人と人との関係はどうでしょうか。

近年は多様化の時代と言われます。

さまざまな価値観、考え方の人が集まって生活したり、仕事をしたりしています。

「いろんな価値観を認める」と言えば聞こえはいいですが、実際には、多くのところで考え方の相違、価値観の衝突が起こっています。

そんな世の中にあって、もっともニーズの高い人材とは、どんな人か。

それが「水の若し」です。

水のように柔軟な人は、どんな人の心にもスッと入り込み、信頼を得てしまう。

それでいて、ただ迎合するのではなく、いろんな人の価値観や考え方を自分に取り込み、非常にバランスの取れた存在になっていきます。

それはちょうど、森や岩場を流れる過程で、少しずつミネラルを吸収し、もっとも豊かな存在になっていく「水の様子」そのものです。

上善は水の若し。

この一語を取り上げるだけでも、論語とは趣きが異なる、老子らしい世界観が垣間見えるのではないでしょうか。

「習合」という考え方

本書は「論語」と「老子」を一緒に取り上げることで、ものの捉え方や考え方に膨らみを持たせ、豊かにしていくものです。

一つの思想に縛られるのではなく、もっと違う視点で考えてみる。

そんな「行き詰まりを躱《かわ》す道」を楽しむ本と言ってもいいでしょう。

じつは、近年「習合《しゅうごう》」という考え方がさまざまな場面で見直されてきています。

「習合」とは、いくつかの考え方や思想、教義などを織り交ぜて、飛躍させていく考え方。

代表的なのは「神仏習合」という言葉でしょうか。

日本古来の宗教である「神道」と、外来の宗教である「仏教」を織り交ぜた思想、あるいはその状態を示した言葉です。

一つの価値観や思想、従来の方法や風習に捉われるのではなく、「異なる何か」を柔軟に取り入れることで、より最適なものへと昇華させていく。

現代に求められるのは、まさにそんな「習合」です。

絶対的な正解があるわけでもなく、
一つの思想や考え方で、すべてを捉えきれるわけでもない。
これまでの成功体験やノウハウが通用せず、

さまざまな価値観やカルチャーを持った人たちで溢れている。


そんな現代に「習合」が求められるのは必然です。

といって、これは決してめずらしいものでも、新しいものでもありません。

もともと日本では、儒教、仏教、道教、禅仏教、神道などが渾然《こんぜん》一体となって融合し、文字通り「習合」されてきました。

私の専門は東洋思想ですが、特定の教えや思想を持っているわけではなく、まさに「習合」を実践しているのです。

私たち日本人は、もともと「習合」が得意なのです。

未来のヒントを得るためには

昨今は変化のスピードが早いので、つい「古い、新しい」という軸で物事を捉えがちです。

こんな制度は古い。
そんなビジネスの発想は時代錯誤だ。
そのやり方は現代では通用しない。
一時代前のビジネスパーソンの考え方だ。

など「古い」という理由で、簡単に否定されてしまうことも多いでしょう。
過去の功績や成功体験、考え方や信念を否定され、とまどいを感じている人も多いでしょう。

時代が大きく変化しているのは事実。
しかし、今という時代に必要なのは「過去の否定」ではありません。

本当に求められるのは「異なる二つの思想や視点」「異なった価値観や方法論」を柔軟に受け止め、習合させていく力です。

そんな人材があらゆる場所で求められています。


その一つの試みとして、本書では「論語」と「老子」という二大経典を使い、さまざまなテーマにおける視点の違い、考え方の違いを探っていきます。

「欲望とは、どういうものなのか」「競争について、どんなふうに捉えればいいのか」「成功や豊かさについて」など、誰もが日常的に出会うテーマについて、論語と老子という二つの視点から考えていきます。


論語にも、老子にも、ものすごく深い考察があり、納得感に溢れた教えが満載です。

しかし、その視点やアプローチ、捉え方はまったく違う。

そんな「違い」をぜひとも感じて欲しいと思います。

どんな場面でも、どんなテーマでも、道は一つではありません。必ず行き詰まりをしたたかに抜け出せる「別の道」や「抜け道」があるものです。

「もう何かを学ぶ年齢でもないし…」

「ただ繰り返す日々に意味を感じられない」

「新たな知識を求め続けるべき？」

「自分の学のなさに嫌気がさします」

を、抜け出したいときに

1章

学びとは

誰もが「学びを得る」と
いうことに必死な時代に

学びとはいったい何か。

論語を扱う本書にとって、これほどぴったりな導入はありません。論語の教えを一言で表現するなら「人生は学びである」だからです。

論語の最初に出てくるのは次のような言葉。

學《まな》びて時《とき》に之《これ》を習《なら》う、亦《また》説《よろこ》ばしからずや。

論語

「一度学んだものを繰り返す。それはとても楽しいものだ」と論語は冒頭から教えています。

ところが、世の中には「学び」と「実践」を別々に捉える傾向があります。学びは学校でするもので、社会に出てから実践する。そんな考えです。

しかし、それは大きな間違い。実践こそ「学びそのもの」です。


「学びて時にこれを習う」の「習」という字は、「羽」に「白」と書きます。羽が白いとは、まだ色づいていない幼いひな鳥を表しています。

そもそも、鳥は生きるために飛ばなければなりません。飛ばなければ、食べ物を手に入れることも、外敵に襲われたときに逃げることもできません。

鳥にとって「飛ぶ」とは「生きる」ことそのものなのです。

しかし、羽が白いひな鳥は飛ぶことができません。これは命に関わる問題で、だからこそ何度も何度も命懸けで飛ぶ練習をする。

それが「習う」ということです。


「習」という字にはもう一つ由来があって、神社で巫女さんが降霊（霊魂が通じ合うこと）をするときに、神の器を真っ白な羽で何度も擦ります。そうやって何度も擦るうちに、魂が通じ合って霊が降りてくると考えられているからです。

いずれにしても「習う」とは、何度も繰り返す様を表しています。

「学びて時にこれを習う」とは、一度学んだことを何度も何度も繰り返すという意味。それを孔子は「楽しいものだ」と説いたのです。

学びの本質は「新しい何か」を習得することだけではありません。むしろ何度も何度も繰り返す「実践」にこそ、その本質がある。

そんなふうに読み解くことができるのではないでしょうか。

新しさにしか、学びはない？

日々の暮らしや仕事の中で、「自分は毎日同じことばかりやっている……」「こんな状況では進歩がない……」と感じている人もいるかもしれません。

しかし、それは落胆するような状況ではありません。

「毎日同じこと」をどれだけていねいに、気持ちを込めてやれるか。

そこに学びの本質があるからです。


吉田松陰《しょういん》の「松下村塾《しょうかそんじゅく》」でも、実践をとても大切にしています。

松下村塾の講義では、すぐに今日の内容に入るのではなく、必ず前回の講義の振り返りがあり、実践報告から入ります。前回学んだことを踏まえて「何を実践したのか」をシェアし、そのチェックを受けるのです。

何かを学んでも、それを実践しなければ意味がない。

実践にこそ、本当の学びがある。

そんな哲学が貫かれています。


江戸時代には「皮膚の理解」「肉の理解」「骨の理解」「髄《ずい》の理解」というおもし

ろい表現がありました。

表面をさらっと理解した程度ではダメ（皮膚の理解）。

自らの血肉となるような理解（肉の理解、骨の理解）をしなければいけないけれど、それでもまだ不十分で「骨の髄」まで理解して初めて理解したと言える。そんな教えです。

事実、江戸時代の子どもたちは「学びて時にこれを習う」などの古典の言葉を100字100回唱え、身につけました。

言葉の意味は一度教われればわかるかもしれません。

しかし、その本意が自分の髄に入っていなければ、ここぞというときに発揮することはできません。言い換えるなら、学びとは頭でするものではなく、身体でするものだということです。

つめこみ教育の悪いクセ

ところが、近年はなかなか「習う教育」が行われない実情もあります。

「皮膚の理解」に留まり、「骨の理解」「髄の理解」に至っていません。

私は多くの教師育成にも携わっていますが、詳しく話を聞いてみると、実際の現場ではなかなかむずかしい状況もあるようです。

たとえば、小学校の先生が一年間に教えなければならないカリキュラムは膨大。

「一年でこれだけのことを教えるなんて、無理じゃないか」と思えるほどです。

それを決めているのは文部科学省なので、そこからして問題があると私は感じます。あんなに教える内容を詰め込まれてしまったら「繰り返す」など到底できません。

毎日、毎日、違うこと、新しいことを学んでいく。

その量やバリエーションこそが学びになってしまっているのです。

たくさん学ぶのは決して悪いことではありません。

しかし、それがただ「知る」だけに終わり、自分の身体に入っていかないとしたら、真の学びと言えるでしょうか。

特に最近は、情報の多くはインターネット経由となり、新しい情報が入ってきては、すぐに消費され、次の情報へと移っていくのが当たり前となっています。テレビが普及し出した頃でさえ「使い捨てのように情報やコンテンツが流れていく」と言われていたのに、そのスピードはさらに加速しています。

もちろん、こうした社会情勢そのものを元に戻すことはできません。

しかし、だからこそ、一つのことにじっくり向き合い、繰り返すことで自らの身体に入れていく意識がより大切になっています。

こうした時代だからこそ、なおさら、そんな学びの重要性が増しているのです。

「学ぶ時間がない」は本当？

学びについて、論語にはこんな言葉もあります。

敏《びん》にして學《がく》を好《この》み、下問《かもん》を恥《は》じず。是《ここ》を以《もっ》て之《これ》を文《ぶん》と謂《い》うなり。

論語

「敏にして」とは「おっくうがらない」ということです。

わからないことがあったらサッと調べる。気になることがあれば、すぐに出かけていって自分の目で確かめる。

そうした行動の素早さ、フットワークの軽さを示しています。

「下問」とは、文字通り「下に問う」こと。

自分より年下であるとか、役職が下、経験が少ないなど、そうした人に対しても恥ずかしがることなく、質問し、学び取ることができる。

それが本当の教養だと教えています。「文と謂うなり」とは「それが本当の教養である」ということです。


立派な先生に教えを請うのも、もちろんいいでしょう。

しかし、学びとはそうしたものだけではありません。

むしろ、本当の教養人ほどどんな人からでも学ぶ。その姿勢を常に持っているものです。

「日々の実践にこそ学びがある」という考えとも、どこか通底するのではないでしょうか。

時間がなくて、いろいろと学ぶことができない。

日々、そんなふうに感じている人もいるかもしれませんが、毎日やっている「同じことの繰り返し」から学べることはたくさんありますし、職場にいる後輩や部下からだって学ぶべきことは溢れています。

その姿勢にこそ、学びの本質があるわけです。

自分は何を「知らない」のか

論語の言葉をもう一つ、付け加えておきましょう。

日《ひ》に其《そ》の亡《な》き所《ところ》を知《し》り、月《つき》に其《そ》の能《よ》くする所《ところ》を忘《わす》るること無《な》きは、學《がく》を好《この》むと謂《い》ふ可《べ》きのみ。

論語

「日に其の亡き所を知り」とは、日に日に「自分が知らなかったこと」「わからなかったこと」を確認するという意味。

すなわち、これは「その日のうちに、しっかり調べて、わかるようにしておく」という前提を説いています。

わからないことを、わからないままにするのではなく、まさに「敏にして学びなさい」というわけです。

そうやって一日、一日、何かを知り、何かを学び取る。

まずはこれが大事ですが、それだけで終わらないのが大事なところ。

「月に其の能くする所を忘るること無し」とは、日々「知り得たこと」を、その月の終わりにはきちんと確認し、忘れないようにしておくことです。

そんな「繰り返し」「振り返り」の大切さを教えています。

年末のことを「大みそか」と言うのは有名ですが、毎月の月末は「みそか」と言います。

本来「みそか」とは「月が欠けて暗い状況」を表しています。その道に詳しい人を「明るい」と表現するでしょう。「あの人は地理に明るい」などと言うことがよくあります。

その反対が「暗い」。その方面において、あまり見識がない状態です。

すなわち「みそか」とは、自分がいろいろな物事を知らず、いかに不明であるかを振り返る日。「月が欠けていて暗い状態」を認識する日なのです。

だからこそ、知らなかったことをその月のうちにしっかり調べて、きちんと確認しておく日とも言えます。

商売でも月末に「棚卸し」をしますが、いろいろとごちゃごちゃしてわからなくなってしまっている状況を、整理して、しっかりわかるようにしておく。

それが「みそか」です。

ちなみに、朱子学で知られる朱子は自らを「晦庵《かいあん》」と名乗っています。

「晦」とは「晦日（みそか）」のこと。

つまり「自分は、物事に暗く、ものを知らない人間だ」と称しているわけです。

もちろんへりくだって言っているのですが、もともと「晦日（みそか）」にはそんな意味があります。


そして、一年の終わりである「大みそか」には、その年の総決算として自分が知らなかったこと（暗いこと）を確認し、しっかり理解して終える。

そうやって暗く、不明な状態から「明るい状態」になる。そうして初めて「明けまして、おめでとうございます」と新年を迎えるわけです。

新年を迎えるとは「明るくなる」ということなのです。


論語に話を戻しますが、「月に其の能くする所を忘るること無し」とは、まさに「みそか」の話をしていて、その月の終わりにはきちんと確認をして、忘れないようにしておく。

それこそが「学問を好む人」だと論語は教えているのです。

頭でっかちになっているかも…

同じく「学び」というテーマにおいて、老子は何を言っているでしょうか。

學《がく》を絶《た》てば憂《うれい》無《な》し。唯《い》と阿《あ》と、相《あい》去《さ》る幾何《いくばく》ぞ。
善《ぜん》と惡《あく》と、相《あい》去《さ》る何若《いかん》。

なんと老子は「学を絶てば憂い無し」と言っています。

「学ぶことをやめてしまえば、心配事もなくなる」と学びを真っ向から否定しています。

「唯」と「阿」とは「はい」と「ああ」という返事のこと。

「はい」と返事をするのと「ああ」と返事をするのとでは、いったいどこに違いがあると言うのだ。

「善と悪」にしたって、それほど違いがあるわけではないだろう。

そう老子は続けています。

いろいろと学べば、当然、知識は積み重なっていきます。

学びが深まれば、善と悪の違いもわかってくるかもしれません。

しかし、それがどうしたと言うのだ。

もともと「善」と「悪」の違いなんて、たいしたものではない。そんなことをくどくど学ぶより、いっそやめてしまった方が悩みはなくなるよ、と老子は言うわけです。

この老子のメッセージ、あなたはどう感じるでしょうか。

このあたりがさまざまな古典を読み解くおもしろさです。

一言で「学び」と言っても、さまざまな考え方や捉え方があります。

老子の思想をもう少し深く理解するために、もう一つ言葉を取り上げてみましょう。

學《がく》を爲《な》せば日《ひ》に益《ま》し、道《みち》を爲《な》せば日《ひ》に損《そん》す。
之《これ》を損《そん》し又損《またそん》し、以《もっ》て無《む》爲《い》に至《いた》る。
無《む》爲《い》にして爲《な》さざる無《な》し。

老子

学問をする者は日々、いろいろな知識が増えていく。
一方で、道を為すものは、いろいろな余計なものがなくなっていく。

ここで言う「道」とは老荘思想そのものです。老子における「道」を一言で表現するのは簡単ではありませんが、世の中の道理、「宇宙の法」と言うべきものに従って自然のままに生きていくこと。そんなふうに捉えていただければ、大きく間違ってはいないでしょう。

学問をしたところで、知識はいろいろ増えるかもしれないが、それに伴って悩みや心配事、雑念や欲望も増えていく。

一方、自然のままに、ただ生きていくことができれば、悩みや人生における煩わしさがどんどんなくなっていく。欲望や羨望など、さまざまな余計なものが落ちていく。

そうやって、何もしないで、自然のままに生きていくことが一番だよ、と老子は説いています。

そして最後に「何もしない」とは、結局のところ「すべてのことをしている」のと同じなんだよ、という哲学も語っています。

「学ぶ」、あるいは「知識を得る」のは大切です。

しかし、老子が言うように、そうした学びが私たちを不自由にすることはよくあります。

たとえば、ビジネスの世界。

特に近年は「従来のやり方が通用しない」「革新、イノベーションが必要だ」とよく言われます。

抜け道の先の、イノベーション

イノベーションをするにあたって、もっとも邪魔なものは何でしょうか。

それは「踏襲」です。

そもそも、踏襲とは「これまでのやり方」をしっかり学び、習得しているからこそ、できるものです。

学びなくして、踏襲はあり得ません。

これまでのやり方、価値観、カルチャーをみんなが学び、身につけているからこそ、組織の中でも、社会全体としても、引き継がれていきます。

しかし、現代では「それを変えなければいけない」。そんな時代が到来しています。これまで必死に学び、努力して、成功体験を積み重ねてきた人は多いでしょう。ある課題に直面したとき、そうした知識や経験が豊富な人ほど、「こうすればうまくいく」と、過去の成功体験から一つの方策を導き出そうとするものです。

ところが、現代のビジネス環境、社会状況では、それがなかなかうまくいかない。なぜなら、それは過去の成功法則が指し示す「踏襲の道」だからです。

もちろん、これまでの学びや経験を否定したいのではありません。

しかし、それが「唯一の道」ではないことに、そろそろ気づかなければなりません。論語で学んできたような「学び」もあれば、老子のような視点も、ときに必要なのです。

それこそが「習合」です。

今、私たちに必要なのは、もっと自由な発想です。

過去の経験、知識や法則に縛られない考え方やアイデアが求められています。

今のような時代背景を重ねてみると、老子のメッセージの真意が見えてくるのではないでしょうか。


学問をする者は、いろいろなものが増えていく。

知識はもちろん、固定観念やしがらみ、欲望、従来の社会システム、ビジネスマインド、さまざまなものが自分の中にインストールされていきます。

一方で、学ぶことなどやめて「道」を極めようとすれば、そうしたものがなくなっていき、自由に、伸びやかになっていく。

そんなことを老子は説いているのです。

基本を知ること、破ること

論語と老子。

どちらが正しくて、どちらが間違っているということはありません。

「一つの道」を正しいと捉えること自体、本書のテーマである「二つの思考を併せ持つ」ことにはそぐいません。

考え方は一つではなく、常に別の道がある。

その柔軟性、多様性を論語と老子から感じていただきたいわけです。


論語は、往々にして、物事の基本や大前提を教えてくれます。

音楽で言えば、七つの音階のようなものです。

「ドレミ」の音階を知らなければ、原則として、音楽を奏でることはできません。

料理で例えるなら、基本の「五味」と言えるでしょう。「甘味・苦味・塩味・酸味・辛味」が味の基本です。

しかし、「七つの音階」「基本の五味」を知っていれば、自由で豊かな音楽を奏でたり、奥深い、おいしい料理を作れるわけではありません。

音階や味の基本を超え、そんなことを意識しないところに、すばらしい音楽や料理の世界が広がっています。

ときに、それは「物事の基本」を忘れ、破ることで生まれるものかもしれません。

基本を知ることは大切。

ただし、その先には基本に縛られない自由な世界が広がっています。

論語と老子は、言わばそんな関係にあるのかもしれません。

「学び」とは、とにかく実践すること、繰り返すこと。ときには学ぶという強迫を捨て、もっと本質的な「道」を極めることをめざしてみる。

「欲しいものが
なかなか手に入らない」

「嫉妬してしまう自分が嫌になります」

「満たされたい」

「無欲になれたら
ラクだろうけど…」

を、抜け出したいときに

2章

欲望とは

出世やお金を求めて
しまうのは
悪いことなのか

人は誰でも「欲」を持っています。


お金持ちになりたい。

人に認められたい。

あの人は人気があって羨ましい。

もっと優雅な生活がしたい。

さらに高いポジションにつきたい。

みんなが憧れるような華やかな仕事をしたい。


人それぞれ、じつにさまざまな欲があります。

単純に「欲」と言うと、真っ先にネガティブなイメージを持つ人も多いでしょう。

「できれば持ちたくないもの」「なくしたいもの」と捉える人もいますが、「欲」とは必ずしも悪いものではありません。

たとえば「意欲」。

これも立派な欲ですが、「なくなった方がいいもの」ではありません。

「大金持ちになりたい」という欲望に突き動かされ、必死で働いている人をあなたはどう思うでしょうか。

卑しい人と感じますか。

それとも、「それも十分に立派な動機だ」と捉えるでしょうか。

「利益」を追い求めるべきか

「欲」「欲望」とは、あらためて考えてみると不思議なものです。

人を卑しく貶めることもあれば、大きなエネルギーやモチベーションとなり、素晴らしい行動を引き出すこともあります。

論語にはこんな言葉があります。

君子《くんし》は義《ぎ》に喩《さと》り、
小人《しょうじん》は利《り》に喩《さと》る。

論語

直訳すると「君子は義で行動するが、小人は利で行動する」という意味。

立派な人は、人と人との繋がりや物事の筋が通っていること、道理に即していることの大切さを深く理解し、そちらに意識が向いていく。

一方で、たいしたことない人ほど「利益」に目が向いている。

そんなことを説いた言葉です。

ここで誤解してはいけないのは、論語は利を否定しているわけではないという点です。

この言葉をさらっと読むと、「義を大切にしなさい」「利に目を向けるのはいけないよ」と教えているようにも感じます。

しかし、この短い言葉にはもっと深い背景があります。

言葉の真意を理解するためにも、まず「利とは何か」から考えてみます。

「利」という字は「のぎへん」に「りっとう」で成り立っています。

「のぎへん」はもともと「稲」を表し、「りっとう」は「鋭い刃物」を示しています。

つまり「利」という字は、稲を鋭い刃物で刈り取る様《さま》、「稲刈り」を表現しているのです。

春の田植えの時期から始まり、日々手入れをして水をやり、雑草や害虫を取り除き、休むことなく天候を心配する。そんなさまざまな苦労の末に、秋の刈り取りシーズンを迎えます。

利益とは、そうやって長い期間、苦労し、悪戦苦闘した果てに得られるもの。

「利」という一字は、そんな背景を表しています。

現代社会の中で「利益」と「稲の刈り入れ」を地続きで捉えている人はほとんどいないでしょうが、本来「利」とはそういうものです。

そんな「利」であるからこそ、論語は否定していないのです。

誠実に努力し、悪戦苦闘した果てに得られる「利」を、むしろ肯定しています。

では、ここで言う「義」とは何か。

これこそ「長い間、続けてきた苦労」を指し示しています。

「利」が得られるまでの誠実なプロセスと言い換えてもいいでしょう。

自分自身が続けてきた努力、背負ってきた苦労も当然あります。

それだけではなく、いろいろな人に助けられ、支えられてきたことへの感謝の念も含まれます。より多く、良質な稲を育てるために、いろいろと勉強することも必要でしょう。

ここでは「義」という一字が使われていますが、「仁・義・礼・智」のすべてを含んでいると解釈できます。


道理に適ったプロセスを経るからこそ、最後に「利」が得られる。

最初から「利」を見るのではなく、もっと大事なことを見なければいけない。それが「義」である。

そう論語は説いているのです。

決して「利」そのものを否定しているわけではありません。

渋沢栄一が「論語」を読むわけ

「近代日本経済の父」と称される渋沢栄一も論語を「座右の書」としていました。『論語と算盤』という著書を残すほどですから、相当な「論語読み」です。

そんな渋沢も強調していたのが「論語は利を否定していない」という部分。利益を得ることが悪いのではなく、「どうやって利を得るのか」が大事だと繰り返し主張しています。

論語の別の言葉を取り上げてみましょう。

富《とみ》と貴《とうとき》とは、是《こ》れ人《ひと》の欲《ほっ》する所《ところ》なり。
其《そ》の道《みち》を以《もっ》てせざれば、之《これ》を得《う》とも處《お》ら

論語

ざるなり。貧《ひん》と賤《せん》とは、是《こ》れ人《ひと》の悪《にく》む所《ところ》なり。其《そ》の道《みち》を以《もっ》てせざれば、之《これ》を得《う》とも去《さ》らざるなり。


富とか、貴《とうと》い身分は、誰だって欲しがるものだ。

しかし、それを手に入れる過程で道理に反していたならば、いずれなくなってしまうだろう。

貧しさ、卑しさは、誰だって嫌がるものだ。

しかし、それが道を外した行為によって招いたものであれば、なくなることもないだろう。

そんな意味合いの言葉です。

ここでのテーマは、まさに「富や身分を得るプロセス」。

どんなに大金を稼いでも、人が羨むようなポジションを得たとしても、そこに至るプロセスが道に反していたならば、いずれはダメになる。

反対に、たとえ貧しい境遇にいたとしても、仁義礼智を大事にして、人として誠実に振る舞い、正しい努力を続けていたならば、境遇は必ず変わってくる。

そんな解釈ができます。


結果や利益を求めるのは大いにけっこう。

欲望はまったく否定しない。

しかし、そこに至るプロセスこそが大事なのだ。

そう論語は教えています。

「茶」に通じる精神とは

プロセスを大事にするのは「茶の精神」にも通じるものです。

そもそも、お茶なんてものは「ぐいっ」と飲んでしまえば、一瞬で終わってしまいます。「お茶を飲む」という行為だけに着目するなら、ただそれだけの話です。

たったそれだけのことに半日もの時間をかける。

場をつくり、所作を正し、精神を清めて、お茶を飲む。

それが「茶」というものです。

プロセスの美学と言ってもいいでしょう。


近代三大茶人と呼ばれる「鈍翁《どんのう》」「三渓《さんけい》」「耳庵《じあん》」という人たちがいます。

もちろん、これらは茶人としての号（通称・別名）であり、鈍翁は三井財閥を支えた実業家でもある益田孝。

三渓は、絹の貿易などで富を築いた原富太郎。

耳庵は、電力業界で活躍し、〝電力の鬼〟と謳われた松永安左ヱ門です。

何よりおもしろいのは、この茶人たちすべてが実業界の実力者という点です。これは決して偶然ではありません。

茶とビジネス。

この二つに共通しているもの。それが「プロセスこそ大事」という精神です。

論語の言葉にあるように、ただ欲望に任せて、利益を得ればいいというものではありません。

茶の湯も同じで、ただおいしいお茶を飲めればそれでいいというものではありません。

欲望そのものは決して悪いものでも、いいものでもありません。

安易に、否定されるべきものでもありません。

大事なのはそのプロセスにある。

そんなことを論語は教えていますし、渋沢栄一をはじめ三大茶人と呼ばれる実業家たちも、その本質に気づいていました。

老子の母性、論語の父性

欲望について老子は何を言っているのか。

聖人《せいじん》は腹《はら》の爲《ため》にして
目《め》の爲《ため》にせず。

立派な人は「目のため」に何かをするのではない。「腹のため」にするのだ。そ

う教えています。

「目のため」とは何でしょうか。

端的に言えば、「目に見えるもの」です。「お金が欲しい」「立派なポジションを得たい」「贅沢な暮らしがしたい」など、これらの欲望はすべて目に見えるものです。

本当に立派な人物は、そんな「目に見えるもの」のために行動しているのではない、と老子は説きます。

では、「腹のため」とは何でしょうか。

単純に考えれば「腹を満たすため」という解釈もあります。目に見える、きらびやかなものを求めるのではなく、もっと質素に、実質的なことを重視して生きていくことを目指す。

そんな解釈もあります。

しかし、「腹」という字をもっと深掘りしてみれば、人間の身体の中、心の内と捉えることもできます。

「目に見えるもの」を満たそうとするのではなく、「心の内」「心の底」を満たそうとすることこそ、大事ではないか。

そう老子は教えているのです。


私は二十五歳のとき、タイのバンコクで二頭の水牛に襲われ、生死をさまようような大怪我をしました。

それ以降、本当の意味で「すっきりと体調がいい」という日はありません。いつも、どこかしらが痛かったり、重たい感じを背負いながら暮らしています。

そんな私が生きる拠り所としてきたのが、老子であり、老子が説く「道」でした。


ここで挙げた言葉ひとつを取ってみても、老子は「心の底の満足」が大事だと教えています。私の場合も、身体の自由が利かなかったり、そのせいで十分な仕事ができなかったり、ビジネスがなかなかうまくいかない時期もありました。

しかし、老子のような世界観で捉えてみれば、それがどうしたと言うのでしょう。「目に見えるもの」を欲するのではなく、もっと大きな「心の満足」を目指すのだと思えた瞬間から、世界は変わって見えてきます。


老子における「道」とは「ふるさとの肝っ玉母さん」のようなものだと、よく私は表現します。

自分が孤独を感じたり、人生にくじけそうになったとき、いつも優しく、無条件で受け入れてくれる。変にベタベタするわけではないけれど、どんなときも、変わることのない大きさで、自分を包み込んでくれる。

そんな存在だと私は捉えています。


実際、老子の思想は南中国で育まれたもので、農耕文化が根付いた地です。

「母なる大地」という言葉があるように、老子は母性を感じさせます。

一方の論語は、北中国の思想。北中国は遊牧民たちが暮らす地で、ここでは父権が大きな力を持っています。故に、論語は父性的と言えるのです。


本書の冒頭で「上り坂の儒家、下り坂の老荘」という言葉を紹介しましたが、上り調子で、ややもすると調子に乗ってしまうときほど、論語のような父性的な厳しさで、自らを律することが大切です。

しかし、人生に迷い、気持ちが落ち込んでいるときには、ふるさとの母親に電話でもするかのように、大きな何かに包まれたくなるものです。

それが老子の世界観です。


「目に見えるもの」を求めるのではなく、もっと「心の内の満足」を求める。

そう老子は説いているわけですが、これは現代的な感覚とも合致する部分が多いように感じます。

最近の若い人は、ギラギラとした金銭欲や出世欲がなくなってきている、という話をよく耳にします。

その一方で、働く上でのやりがい、ワクワク感、自分が社会に貢献できている感覚を重視する傾向が強まっています。

お金や地位などの「目に見えるもの」よりも、「やりがい」や「ワクワク感」といった「腹の中にあるもの」の価値が高まっているのです。

そういう意味では、「時代の空気」は老子的な思想を求めているのかもしれません。

「ほどほど」が持つ価値

仏教の世界では禁欲がよしとされますが、論語では、決して「利」を否定することはなく、しかしそのプロセスを非常に重んじる。

強いて言えば、老子はその中間的な位置づけとでも言うのでしょうか、「ほどほど」の価値についても論じています。
たとえば、老子にはこんな言葉もあります。

持《じ》して之《これ》を盈《みた》すは其《そ》の已《や》むに如《し》かず。
揣《きた》へて之《これ》を鋭《するど》くすれば長《なが》く保《たも》つ可《べ》からず。
金玉堂《きんぎょくどう》に満《み》つれば之《これ》を能《よ》く守《まも》る莫《な》し。

老子

満ち足りた状態を保ち続けようとするのはやめた方がいい。
刃物を鍛えて、鋭くしようとし続けたら、切れ味は保てない。
金銀財宝が部屋にいっぱいあったとしたら、それを守り続けることなどできない。

老子はそう語っています。

これもまた「欲望」に関する、一つの大事な視点ではないでしょうか。

満たされるほど不自由になる

たとえば、コップに水をいっぱいまで満たしたとします。

その状態で百メートル走ってくれと言われたら、どうでしょう。まともに走ることができるでしょうか。

たかだかコップ一杯の水で、人間はこんなにも不自由になってしまうのです。

あるいは、現金や金塊、宝石などをいっぱい自宅に隠し持っている人は、安心して旅行に行くことができるでしょうか。

おそらくは気になって、おちおち旅行を楽しんでなどいられないでしょう。

欲望を満たすのもいいけれど、それをいっぱいまで満たしてしまったら、結局、不自由になってしまう。

そんな真理を老子は説いています。

揣《きた》へて之《これ》を鋭《するど》くすれば長《なが》く保《たも》つ可《べ》からず。

という部分は「ほどほど（最適）」の見極めについて語っています。

実際に刀鍛冶たちに話を聞いてみると、ハンマーで何度も叩いて刃物を鋭くしていくのですが、「ここが限界」というところを見極めるのが一番難しいと言います。「もう少し打てば、さらに鋭くなるのではないか」と思い、つい次を打ってしまうのですが、結果として刃物がぐにゃりと曲がってしまう。

そんなこともよくあるそうです。

もう一打を打てば、もっと鋭くなるかもしれない。

しかし、ここでやめておく。


そこに職人の極意があるわけです。

株や為替などの投資は、まさにこの状況にぴったり当てはまります。

値が上がっている株を持っているときは「もっと待てば、さらに上がるかもしれない」と期待するでしょうし、値が下がっている場合は「もう少ししたら、上がってくるかもしれない」という思いから逃れられない。

欲望とは際限がないもので、つい「もっと、もっと」と満たそうとしてしまいます。

しかし、そんなふうにいっぱいまで満たそうとすると、かえって不自由になってしまう。

東洋思想の根本には「陰極まれば陽となる、陽極まれば陰となる」という思想があって、万物は行き過ぎれば、またもとに戻ってしまう。そんな宇宙の原則を伝えています。

欲望が満たされれば満たされるほど、不自由になる。

そんな真理を老子は突いているのです。

持続可能な「ほどほどの精神」

物質主義的な資本主義が拡大している現代社会についても、同じようなことが言えそうです。

これまで経済は「拡大」や「成長」ばかりを目指してきて、企業も事業が大きくなり、利益が増えることを目指してきました。

しかし、それではいずれ行き詰まってしまう。

そんなことに世界が気づき始め、サステナブルというキーワードが広がっています。

時代は成長、拡大から、持続可能へと目指す姿が変わりつつあります。

言い換えるなら、これは「ほどほどの精神」でもあります。

「欲望」というテーマについて考えるだけでも、じつにさまざまな視点や受け止め方があります。

何が正しく、何が間違っているということはありません。

今「自分の欲望」と向き合うときに、どんな思想、哲学がよりマッチするのか。

それを考えてみることも、おもしろいのではないでしょうか。

「欲望」とは、向上心にもつながり、必ずしも否定されるべきものではない。ただし、過剰に満たされるのも考えもの。ほどほどの精神で。

「成功したい、
認めてもらいたい」

「出世のレールから落ちはしないか」

「負けたら終わり、
息もつけない毎日です」

「いまの仕事は向いていないかも」

を、抜け出したいときに

3章

競争社会とは

このまま疲弊していくのかと、思い悩む

第三章のテーマは競争社会。

業績や仕事の成果を競っている組織も当然あるでしょうし、出世競争、権力競争は世の中からなくなるものではありません。

ストレートな競争でなかったとしても、「あいつは評価が高い」「みんなから慕われている」など、競争心から生まれる嫉妬、妬み、焦りなどもあるでしょう。

競争とはおもしろいもので、競争に勝ち、楽しめているときは、それほど競争について考えることはありません。

競争に破れ、思うような結果や評価が得られないときほど、「競争社会ってどうなんだろう？」と疑問を持ち始め、いろいろ考えたくなります。

論語にはこんな言葉があります。

位《くらい》無《な》きことを患《うれ》へずして、立《た》つ所以《ゆえん》を患《うれ》へよ。己《おのれ》を知《し》る莫《な》きを患《うれ》へずして、知《し》る可《べ》きを爲《な》さんことを求《もと》めよ。

論語

地位が得られないことを思い患うのではなく、「どうしたら地位が得られるのか」を考えた方がいい。

評価や名声が得られていないと思い悩むくらいなら、「どうしたら、それを得られるのか」を考える。

そんな言葉です。

この言葉をさらっと読むと「結果、評価」を見るのではなく、「どうしたら到達できるのか」その方法を考えよ、と教えているように感じます。

成功するためのアプローチを変えてみるとか、もっと努力の量を増やすなど、たとえばそういうことです。

たしかに、それらも大切です。

しかし、もう少し本質的なところで、自分が本当に評価されるとは、どういう状況か。

そんなことを考えてみて欲しいのです。

論語には、こんな言葉もあります。

之《これ》を知《し》る者《もの》は、之《これ》を好《この》む者《もの》に如《し》かず。
之《これ》を好《この》む者《もの》は、之《これ》を樂《たのし》む者《もの》に如《し》かず。

論語

「知っている」というのは「好む」には及ばない。
「好む」というのは「楽しむ」には及ばない。

これもまた一つの真理を表しています。

競争社会において、地道な努力をしている人がある程度の成功を収めているのも事実でしょう。

しかし、本当の意味で高みに上っていく人は、それ自体が好きであり、楽しんでいる人ではないでしょうか。

結局は、楽しんでいる人の勝ちなのです。

競争とは、そもそも不思議な矛盾を内包しています。

たとえば、仕事そのものが楽しければ、それ自体がモチベーションとなるので、他人のこと、競争のことがあまり気にならなくなります。

しかし結果として、そういう人ほどどんどん成果を上げ、競争に勝利していく。

一方で、競争に勝つために「がんばらなければ！」「もっと努力しなければ！」と思っている人ほど、日々苦しいのに、なかなか結果はついてこない。

往々にして、競争とはそういうものです。

楽しいか、無理はないか

もともとの論語の言葉に立ち返り、「どうしたら、評価や名声を得られるのか」を考えるとしたら、やはりそれは「楽しんでやれているのか」を自分自身に問うことです。

少し言葉を変えるなら、「無理なく、やれているか」を考えること。

苦手なこと、嫌いなことを、がんばってやるのは立派かもしれません。

しかし、どんなにがんばっても「好き」と「楽しい」には勝てません。

たとえば、データを打ち込むだけの作業をしているとしましょう。

同じ仕事でも「こんな単純作業はやってられない」と思う人もいれば、「こういう作業はいつまででもやっていられる！」と嬉々としてやる人もいます。

後者にとって、その仕事は「無理がない」のです。


競争社会に向き合うときこそ、自分の天性天分を知ることが、私はとても大事だと考えます。

論語の有名な言葉に、

論語

三十《さんじゅう》にして立《た》つ。

四十《しじゅう》にして惑《まど》わず。

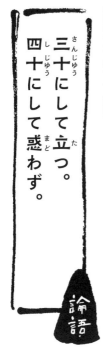

というものがあります。

しかし、近年は「三十にして立つ」も「四十にして惑わず」もなかなか難しくなってきています。

その根本は、個々の天性天分を考える教育がなされないまま、高校や大学を出るタイミングで安易な職業選択をしているからだと私は分析しています。


江戸時代は、子どものうちから「天性天分を見極める」のが教育の第一眼目でした。

なぜ天性天分を大事にしていたかと言えば、一生その仕事をしていくときに、もっとも困るのは「おもしろくなくなってしまうこと」だからです。

江戸時代は特に、一つの仕事を一生続けていくのが基本でしたから、それが途中で嫌になってしまうのは大問題なわけです。

だからこそ、自分にとって「向いているものは何か」「無理がないものは何か」をしっかり考える教育がなされていました。

ところが近年は、情報は膨大に入ってくる一方で、自分の天性天分がどこにあるのかを考える機会はなかなか訪れません。

そして、高校や大学を出る前の、就職活動が始まるタイミングで「いったい、自分は何をしたいのだろう…」「自分には何ができるのだろう…」と付け焼き刃で考えます。

そんな曖昧な職選びをしてしまうのです。

たいてい二十代は仕事を始めたばかりなので、新しいことを覚えるのに必死です。その時期を過ぎ、三十代になってくると一通りのことができるようになってきます。

そのときに「なんか、つまらなくなってきたな」と感じるのか。

あるいは「どんどんおもしろくなってきた」と思うのか。

これは大きな差です。

「おもしろくなってきた」と感じる人は、当然、その分野・領域において（本人は努力とも思っていない）努力を嬉々としてするようになっていきます。

無理がなく、楽しいのですから、行動の質も、量も高まるのは当然。

そうした人が結果、成果を出し、競争に勝利していくのは必然です。


一方で、一通りのことはできるようになったけれど「なんとなく、おもしろくないな」と感じながら、でも、競争社会で生き残っていかなければならないから、仕方なく努力を続けている人は、苦しい割に思うような結果が出ません。

考えてみれば、当たり前の話ではないでしょうか。


三十代になって「自分の仕事がますますおもしろくなってきた」と感じる人が、

その世界でさらに十年続けていくことで「四十にして惑わず」という境地に至るでしょう。

しかし、その時期に迷い、戸惑いを感じている人が四十歳になったとしても、とても「惑わず」とはいきません。

だからこそ、天性天分を考えることが非常に大切なのです。

五十歳から方向性を変えてもいい

二十代、三十代の話をしておきながら、私自身が本当の意味での天性天分を知り、その道へ動き出したのはちょうど五十歳になったときでした。

三十歳のときに経営コンサルティングの会社を立ち上げ、経営に関するアドバイスをする仕事を続けてきましたが、正直、仕事をする中で「おもしろい」と感じることができませんでした。

しかし、それは「自分に努力が足りないから」「知識や経験が不足しているから」おもしろいと感じられるステージに至っていないのだ。そう思い込んでいました。

しかし、三十歳から始めて四十歳になり、五十歳直前になっても、その思いは一向に変わりませんでした。

そこで私ははたと気づいたのです。

これは私の天性天分ではない。

気づくまでに二十年もの時間を要してしまいましたが、そう気づいたからには変えないわけにはいきません。

私は五十歳を目前にした四十九歳のとき、これまで続けていた経営コンサルティングの事業をやめ、東洋思想をベースとした教育事業、研修事業へと舵を切りました。

振り返ってみれば、私は三十歳の頃から一日も休むことなく、毎朝二時間、東洋の古典を読み続けてきました。

中国古典なんてものは、文書を読むというより、一字一字を探り、紐解いていく、気の遠くなる作業です。好きでなければ、続けることなどできません。

しかし、私は毎朝二時間、二十年間、続けていました。

それも辛いとは微塵も思わず、楽しくて仕方がない。

これが天性天分というものです。

もちろん、天性天分だからと言って、その方面のビジネスがすぐに花開くわけではありません。本当にモノになるまでには、やはり十年かかりました。

物事とはそういうものです。

しかし、そのプロセスそのものが私にとっては楽しくて仕方ないのですから、何ら無理がありません。

そうやって天性天分を知り、楽しみながら仕事をしていたら、周りの人からどんどん評価されるようになり、必要とされるようになっていきました。

位無《くらいな》きことを患《うれ》へずして、立《た》つ所以《ゆえん》を患《うれ》へよ。己《おのれ》を知《し》る莫《な》きを患《うれ》へずして、知《し》る可《べ》きを爲《な》さんことを求めよ。

という論語の言葉は、表面的に捉えれば「ポジションや名声をどうしたら得られるかを考えよ」という方法論の話ですが、より深く読み解いていけば、自らの天性天分を知ることの大切さとも受け取れる。

そう私は解釈しています。

「何をしないか」を決める

一方、老子にはこんな言葉があります。

是《これ》を根《ね》を深《ふか》くし柢《てい》を固《かた》くすと謂《い》ふ。長《ちょう》生《せい》久《きゅう》視《し》の道《みち》なり。

根を深く張ることが生き長らえる道である。

これは老子の中でも有名な「深根固柢《しんこんこてい》」「長生久視《ちょうせいきゅうし》」を説いた言葉です。

よく植木屋が庭木などの剪定をしているでしょう。

あれは見栄えをよくするだけでなく、葉や枝を落とすことで、十分な栄養を根に回し、しっかり根を張らせるためでもあります。

結局、大事なのは根っこである。

根っこが広く、深く、しっかりと張られていれば、その木は強く、長く生きることができる。

そんな自然の摂理を老子は語っているわけです。


以前、私はリンゴ園を訪ねたことがあって、そのとき主人の仕事を見ていたら、リンゴの実をどんどん切り落としていました。

「いったい何をやっているんですか？」と尋ねたら、「間引いている」と言います。

素人の私が見たら、間引くにはもったいないない立派なリンゴばかりです。「そんなに落としたら、もったいないじゃないですか」と私が言うと、主人は

一本のリンゴの木からできる実の数は決まっている。

すべての実に栄養が行き渡るなんて、そんなことはこの世の中にはない。

と答えました。

植木屋の剪定にしろ、リンゴ園の主人の話にしろ、しっかりと根を張り、何かを実現させるためには「切り捨てること」も必要なのです。

リンゴを間引いていく、この作業こそまさに「果断」というものです。

リンゴ園の主人にしてみれば、一年間、ていねいに世話をして、育て上げたリンゴの実であることに変わりありません。

しかし、そこは心を鬼にしてでも、必要なものと、そうでないものを切り分け、判断する。

それが果断というものです。

自分なりの天性天分を知るとは「何をするかを見定める」という側面もありますが、同時に、「何をしないか」を決める。まさに果断の側面もあるわけです。

自分の専門領域とは何か。

そこを見定めることが何より大切ですし、それを決めたら、一歩一歩、焦ることなく根を深く張っていく。

結局は、そういうことが大切なのだと感じます。

次の山を見るために必要なこと

私はよく「頂上へ行かなければ、次の山は見えない」という表現をします。

老子の言う「根を張っていく」とは逆の表現ですが、根本の部分は共通しています。

自分の専門領域を定め、突き詰めていくと、自然に次の課題、次のテーマが見えてきます。

それは、まったく違う世界というより、自分の専門世界をより深めていくために、登るべき次の山が見えてくるイメージです。

私の場合は、東洋思想という広すぎるテーマを掲げてしまったために、儒教、仏教、道教、禅仏教、神道と一つ一つ大き過ぎる山がいくつもそびえ立っているのですが、最初から「いろんな山」が見えていたわけではありません。

最初は老子から始まり、その山を登っていると自然に「荘子、列子の書を読み解かなければ、世界を理解することができない」と次の山が見えてきました。

そうなってくると「やはり孔子、儒家の思想を知らなければいけない」となって、儒家の教えの根本である四書五経《ししょごきょう》を読むようになる。


そんなふうにして、どんどん「次に登る山」が見えてきました。

裏を返せば、それは「終わりがない」ということでもあります。


何かを突き詰めている過程で、「この領域は十分にやり切った」、すなわち「頂上に登った」と感じられたとしても、次の山が見えていないとしたら、それはまだ山の途中です。

本当に突き詰めることができれば、必ず次の山は見えてきます。

老子の言葉に戻るなら、そうやって、根っこというものは、深く、広く張られていきます。

しかし、私のやっていることは、もともとが無理なく、楽しんでやれる天性天分の領域です。

そんな「楽しくて仕方がないもの」の終わりがないなんて、こんなに楽しい人生はありません。

もはや、競争社会のことなど眼中からなくなってきますが、あえて言うなら、そういう人が競争にも勝利していくのです。

まさに「これを知る者は、これを好む者に如かず。これを好む者は、これを楽しむ者に如かず」です。

「競争社会」とは、心を疲弊させるもの。判断基準は自分の外ではなく、中に置いておく。特に五十歳を過ぎたら、「無競争の時代」を楽しみたい。

「ブラック労働でボロボロ…」

「情報社会に振り回されてしまう」

「心から休まる時間がない」

「自分に厳しすぎる
のかもしれません」

を、抜け出したいときに

4章

休息とは

倒れるほど
疲れ切ってしまう前に

本章のテーマは「心を休める」ですが、じつは論語には「休息する」「休む」という趣旨の言葉はあまりありません。

これまで述べてきた通り、論語は人としての正しさや大切なこと、人間社会で生きる大前提をたくさん説いています。

「上り坂の儒家」からもわかるように、人生の波に乗っているとき、人として忘れてはいけないことを思い出させてくれる厳格な教え。

どちらかと言えば「ゆっくり休みましょう」という文脈ではありません。

とは言いながら、「休息」という意味合いにも取れそうな言葉をここで取り上げてみます。

知者《ちしゃ》は水《みず》を樂《たのし》み、仁者《じんしゃ》は山《やま》を樂《たのし》む。

論語

知者とは、いろんなことを知っている人。物知りで、良識がある人です。

仁者とは、人に対して思いやりを持てる人。それだけ心に余裕がある人と捉えてもいいでしょう。


「水」を楽しむ。

ここで言う「水」とは、常に流れているもの。すなわち「変化するもの」「動きがあるもの」を象徴しています。

一方の「山」とは「動かないもの」「変わらないもの」を指します。

知者は常に「変わるもの」を楽しむが、仁者は「変わらないもの」を楽しんでいる。そんな意味合いの言葉です。

この言葉を読み解くとき「知者より仁者の方がいい」と優劣で解釈する人も多いのですが、私はそうは思っていません。

むしろ、その両方を持っていることが大事。

つねに変化し、動いているものを楽しむ感性も大切ですし、どっしりとして動かないものへ心を寄せることも必要です。

この言葉自体が、ある意味では「習合」であり、思考の使い分けを実現しています。

自分の心を休めたいとき、流行りの映画を観に行ったり、最新スポットを訪れて、目一杯楽しむ人もいるでしょう。

一方、自然の中に身を置いて、ただ何もしないことで心を癒やす人もいます。

今、自分にとって「水を楽しむ」が必要なのか。「山を楽しむ」を求めているのか。

そんなふうに使い分けることで、より心が休まるのではないでしょうか。

苦しいときは空ばかり眺めていた

私は若い頃、日々体調も優れないし、ビジネスもうまくいかず、苦しい時期を過ごしていました。

そんなときはたいてい屋上へ上がり、空ばかり眺めていました。「行雲流水《こううんりゅうすい》」という言葉がありますが、行く雲と流れる水を見るように、私はただ呆然と空を眺めていました。

こんなに空は大きいのだから、自分ももっと広い心を持たなければいけない。苦しいことがある度に、そんなことを考えていました。私ほど空を眺めて生きてきた人間はいないのではないでしょうか。

論語の言葉を借りるなら、そんなふうに「山」を楽しみ、心を癒やしていました。

もう一つ別の話をすると、私は高校も、大学も、自分で稼いで通いました。中学一年のとき「自活できていない」ということで大きな挫折を味わい、それ以降「自活できる人間になる」というのは、私にとってもっとも重要な課題となったのです。中学ではそれもなかなか叶いませんでしたが、高校へ行くようになってからは、いろんな仕事をして自分で稼ぐようになりました。

当時、私が考えていたのは、とにかく「もっとも羽振りがよくなる仕事は何か」ということ。牛乳配達や新聞配達、引っ越しの手伝いなどもちろんやりましたが、全然羽振りがよくなりません。

その果てにたどり着いたのがミュージシャンでした。

高校生ながら私はジャズギターを弾いて、学費を払い、生活していました。それが一番お金になったからです。

練習して、うまくなればなるほど、さまざまなところから引き抜きが来て、ギャラも上がっていく。今ではすっかり有名になったバンドで演奏していたこともあります。

そんなかつての経験を生かし、現在でも自分でコンサートを開き、楽しんでいます。

これは私にとって「水」を楽しむにほかなりません。

そんなふうに「山」と「水」という両方の楽しみを持っていると、人生は豊かになりますし、そのときどきに応じて心を休めることができます。

「根本に帰る」とは

老子にはこんな言葉があります。

夫《そ》れ物《もの》芸芸《うんうん》たるも、各〻《おのおの》其《そ》の根《ね》に復帰《ふくき》す。
根《ね》に帰《かえ》るを靜《せい》と曰《い》ひ、是《これ》を命《めい》に復《かえ》ると謂《い》ふ。

草木は生い茂っているけれど、また根に帰っていく。
根に帰ることを「静」と言い、これは「命に帰る」ことである。

ここに出てくる「芸」という字は、もともとは「草木が生い茂っている様」を表しています。

どんなに生い茂っている草木でも、最後はまた根に帰る。

そして「根に帰る」とはすなわち「命に帰ること」そのものであると、老子は教えています。


「生い茂っている様」とは何か。

たとえば、それは問題や悩みが山積みとなり、眼の前で散乱している状態です。

生きていれば、いいことも、悪いことも、いろんなことが起こってきます。

それはまるで草木が好き勝手に生い茂っているようなもの。手がつけられない状況と表現してもいいでしょう。

こうした状況のとき、人は自分を失くしているものです。周りの状況に翻弄され、自分自身を見失っている。

それが「芸芸たる状況」です。

そんなときはまず「静」になりなさい。そう老子は説きます。

「静」とは静かであること、もっと言えば、冷静であることです。

心が乱され、自分を失っているときほど、とにかく静かな場所で、冷静になる。

冷静な心で「自分とは何だろう」「何が一番大切なのだろう」と考える。

そうやって自分の本質、根本に立ち戻る。

それが「根に帰る」ということです。

目の前に草木が生い茂っているように、さまざまな問題が山積し、コントロール不能になっているような状況のときほど、大事なのは「根に帰る」こと。

そして、老子は「根に帰る」とは「命に帰ること」そのものだと説いています。

生きているだけで１００点

「命に帰る」とは、どういうことでしょうか。

私はよく「生きているだけで100点」と言います。

当たり前の話ですが、人間の根本は「命」。

生きていれば、いろいろな悩み、苦しみがあります。

しかし、それらはすべて枝葉の出来事で、根っこは命にあります。

かつて、私も会社を経営するなかで「今月末までに十億円支払わなければならない！」という状況なのに、まったくお金が足りず、生きた心地がしなかった経験があります。

そんなときは、目の前が真っ暗になり、人生に絶望したくなります。

そういうときこそ「まずは冷静になりなさい」、そして「命に帰れ」（根に帰れ）と老子は言うわけです。


どんな境遇であれ、命こそが人間の根本。

命があれば、それでいい。

私が言う「生きているだけで100点」とはそういう意味です。

私自身、この老子の言葉に救われ、「生きているだけで100点なんだ」と思えることで、何度も何度も気持ちが軽くなり、心が休まりました。

最近はSNSによって心が揺さぶられたり、新型コロナの問題やそれに付随するさまざまな不安、経済的な危機に追い込まれている人も多いでしょう。

しかし、誤解を恐れずに言えば、それらはすべて枝葉の問題です。

枝葉の問題だから「たいしたことはない」と言いたいのではなく、そういうときこそ、人間としての根っこ、命に立ち戻って欲しいのです。

生きているだけで100点。

これはただの慰めではなく、一つの真理です。

「心を休める」とは、静かになって、人間の根本すなわち「命に帰ること」。私の言葉に置き換えるなら「生きているだけで100点」という心持ちになることです。そう思えた瞬間、自ずと心は休まっているものです。

こうした話をすると「田口先生は自身が生死をさまよう体験をしたから、そう感じることができるのではないですか？」と言われることがあります。

言いたいことはわかります。

でも、それは根本的に違うと私は考えています。

たしかに、私は二十五歳のとき生死をさまようような事故に遭いました。その体験が私の人生に少なからぬ影響を与えていることも事実です。

しかし、そんな体験はできればしない方がいい。当たり前の話です。

私は一か八かのような体験を経て、たまたまあの世へは行かず、こちらの世界に帰ってきましたが、ひとつ間違えば、どうなっていたかわかりません。

そんな体験をしなくても、生きる上で本当に大切なことを理解したり、感じ取ったりすることはできます。その役割を果たすのが、まさに東洋思想であり、こうして書いている本のような存在です。

私たちは東洋思想に触れることで、必ずしも自分が体験したことでなくても、本当に大切なことを学び、感じ取り、実践することができます。

心は使えば使うほど強くなる

さて、本章は「心を休める」がテーマですが、「心を休める」前に、心というのは「使い切る」ことが大切です。

もちろん、身体を壊すまで追い込むという意味ではありません。

しかし、本来的に、心とは使えば使うほど強くなるものです。

心を使い切っている人が、ふとした瞬間に「まあでも、生きているだけで100点じゃないか」と思う。

それが心を休めるということです。

前提にあるのは「心を使い切る」です。

では「心を使い切る」とはどういうことでしょうか。

たとえば、それは「中途半端にしないこと」であったり、「真心を込めてやる」「真剣にやる」「一つ一つをていねいにやる」「徹底的に考え抜く」といったことです。

並べてみれば、目新しいことは何一つありません。

しかし、こうしたことを日々実践できているかと言えば、なかなかそうはいかないでしょう。

あなたは日々、どんなに些細な仕事でも、真心を込めて、一つ一つていねいにやれているでしょうか。何かの課題、テーマに向き合うとき「もうこれ以上はない」

と思えるほどに考え抜いているでしょうか。

この本だってそうです。私は本書を書く上で論語や老子の言葉を選びます。正直言えば、これまで何十年も東洋の古典に向き合ってきたのですから、それぞれのテーマに合わせて、ササッと選ぶことだってできます。

しかし、それで「心を使い切っている」と言えるでしょうか。

一つ一つのテーマにおいて必死に考え、いくつもの候補を出しては、再考し、徹底的に考え抜く。

そうやって心を使い切ることが何より大切です。

そんなふうに心を使い切ることを繰り返していると、どんどん心は強くなっていくのです。

飽きることなく生きる

「心を休める」というテーマから始まり、「心を使い切る」という話題へ展開しているので、ここでもう一つ論語の言葉を取り上げておきましょう。

子路《しろ》政《まつりごと》を問《と》ふ。子曰《しいわ》く、之《これ》に先《さき》んじ之《これ》を労《ねぎら》ふと。益《ま》さんことを請《こ》ふ。曰《いわ》く、倦《う》むこと無《な》かれと。

論語

孔子の弟子である子路という人が、孔子に対して「政治において大切なことは何ですか」と尋ねます。

すると、孔子は「率先して行動し、人のために尽くすことだ」と述べます。

昨今の言葉で言えば「国民ファーストで、しっかり働くことだ」と言うわけです。

それを聞いた子路は「もうちょっと教えてください」と食い下がり、そこで孔子が述べたのが、

倦むこと無かれ。

という言葉です。

シンプルに言えば「飽きないことだ」と説きます。

「飽きない」とはどういうことでしょうか。

言葉だけを捉えれば「途中で飽きて、放り出してはいけないよ」という意味合いにも取れますが、（表面的に生きるのではなく）「もっと深く生きなさい」という解釈もできます。

本書では天性天分の話もしてきましたし、「頂上に登らなければ、次の山は見え

ない」という話もしました。

それらはすべて根っこで繋がっていて、本気で自分が打ち込めるものであれば、簡単に飽きることはなく、深く、深く掘り下げて、生きていくことができます。

この場面では「政治」「まつりごと」の話をしていますが、もちろん、それに限ったメッセージではありません。

心を使い切るとは、中途半端にならないことであり、視点を変えれば「飽きずに、深く掘り続けること」でもあります。

徳川家康のこんな遺訓を知っている人も多いのではないでしょうか。


人の一生は重荷を負うて遠き道を行くがごとし。

じつは、これはある論語の言葉がもとになっています。

論語

士《し》は以《もっ》て弘毅《こうき》ならざる可《べ》からず。任重《にんおも》くして道遠《みちとお》し。仁以《じんもっ》て己《おのれ》が任《にん》と爲《な》おす。亦重《またおも》からずや。死《し》して後《のち》に已《や》む。亦遠《またとほ》からずや。

立派な人物であろうとするなら、寛大な心と、毅然とした精神を持っていなければいけない。

背負うものは重く、果てしない。

なにしろ「仁者」となることを使命とするのだから、なんと重い使命だろうか。

死ぬまで終わらない。じつに遠い道だ。

これは「人生そのもの」を説いた言葉でもありますし、「心を使い切る」とは、というテーマにも繋がってくるメッセージです。

そもそも、私たちは重たい荷物を背負って生きています。

それがいつまで続くのかと言えば、一生、死ぬまで続きます。

急に現実的な話をしてしまいますが、人生百年時代、楽しいこともたくさんありますが、厳しいことだって当然あります。

年金制度は当てにならず、自分の食い扶持《ぶち》だって、なんとか自分でやっていかなければなりません。定年までは会社の仲間と楽しくやっていけるかもしれませんが、その先だって、長い人生が待っています。

その先の人生をどう生きていくのか。何に心を使い切るのか。

ある意味では、シビアな現実に向き合わなければなりません。

「人が生まれてくる」とは「天に代わって、生きとし生けるものの世話をする」ということ。これは儒家の教えの基本です。

人は誰でもこの世に生を受けたときから、重い任務を背負っています。一生かけて、その使命を果たしていかなければいけません。

それが天命というもので、逆に言えば、そうした天命を放棄してしまうと、天の意向に背き、当然運も離れていきます。

天命に沿って、いかに自分の心を使い切るか。生きるとは、そういうものです。

「心を休める」から離れて、壮大な人生の話になっていますが、そうやって「心を使い切る」ことが人生の大前提であり、そしてときに「心を休める」。

そういうものだと私は捉えています。

「休息」とは、楽しみを持つこと。そしてときには、そもそも心を使い切っているか、疲れを忘れるほど熱中しているかも考えてみる。

「もっとお金があれば不安じゃないのに」

「嫌だけど、生きるために仕事を続けなきゃ」

「ただ働くだけの生活は嫌だ」

「働き詰めれば、
豊かになるかな…」

を、抜け出したいときに

5章

豊かさとは

お金と心と、
どちらも満たされたい

人は誰でも「豊かになりたい」と思っています。

それを否定する人はいないでしょうが、そもそも「豊か」とは何でしょうか。

莫然と「豊かになりたい」と思っていても、それがどういう状態なのかわからなければ、どこを目指していいかわかりません。


月給五十万円が百万円になったら、それは豊かになったと言えるでしょうか。

会社で出世し、大勢の部下を持つようになることは？

立派な家に住み、みんなが憧れる贅沢な生活を送れるようになったら、それは豊かですか？

あるいは、一年に一度、二か月の休暇を取ってのんびりバカンスを楽しむことができたら、豊かさを感じるでしょうか。


誰もが豊かさを求める一方で、意外とその「中身」や「本質」は考えられていないものです。

少し話は大きくなってしまいますが、「どんな豊かさを求めるのか」は個人レベルだけでなく、国としても大きな課題です。

あなたは今の日本という国を豊かだと感じますか。

この問いに対し、さまざまな意見、立場があるでしょうが、近年の日本を「豊かだ」と感じる人は減っているような気がします。

しかし、そこで思考を止めてはいけません。

あなたが考える豊かな国とはどういうものでしょうか。

そう問われたとき、あなたは何を考え、どんな豊かさをイメージするでしょうか。

個人としても、国としても、「豊かさ」とは何なのか。

私たちはどんな豊かさを目指すのか。

非常に大事なテーマです。

豊かな人はゆったりしている

このテーマにおいて論語から、こんな言葉を選んでみました。

君子《くんし》は坦《たん》として蕩蕩《とうとう》たり。
小人《しょうじん》は長《とこし》なへに戚戚《せきせき》たり。

論語

立派な人はいつも落ち着いて、のびのびしている。
そうでない人は、いつもせかせかしている。

私はこの言葉が大好きで、自分自身が「坦として蕩蕩たり」と言えるような人間になりたいと思っています。それこそが「人として豊かである」ことに通じるからです。

少なくとも「お金がある」とか「立派な立場である」というようなことは関係ありません。

それがいけないというのではなく、それがあろうとなかろうと、人として坦として、蕩蕩としている。それが「豊かな人だ」と私は感じます。

どんなにお金を持っていようと、人がうらやむような生活をしていようと、せかせかしている人に豊かさは感じません。

「せかせかしている」には、いろんなニュアンスがありますが、一つはけちくさい、みみっちい、ずばり表現すれば「セコい」ということが言えるでしょう。

お金を持っている、持っていないにかかわらず、セコい人はいます。あなたの周りにもいるでしょう。

たとえば、大企業や大きな組織でそれなりのポジションにいるのに、何でも経費で落とそうとする人がいます。

十分な報酬を得て、たっぷりお金は持っているにもかかわらず、とにかく「得をしてやろう」「自分の金は出したくない」という人。

経費で豪遊して、世間からバッシングを受けた知事もどこかにいましたが、これも論語の言う「戚戚たり」だと感じます。

また「せかせかしている」には、バタバタと忙しなく過ごしている様子も含まれます。

いつも落ち着きがなく、不安げに動き回っている人がいるでしょう。

「忙しい」は「心を失う」と書くとよく言いますが「戚戚たり」とはまさに自分を

見失っている状態。

論語のこの言葉は、ゆったりと生きる「泰然自若《たいぜんじじゃく》」と、不安げに忙《せわ》しなく生き、自分を見失っている「茫然自失」の対比と捉えることもできます。

「自分のテンポ」で生きているか

論語の言葉にある「蕩蕩たり」と「戚戚たり」。

つまるところ、これは「自分のテンポで生きているか」という問いでもあります。

言うまでもなく、泰然自若な人は自分なりのテンポで生きることができています。

焦ることなく、常に落ち着いて、自分のペースを乱すことがありません。

一方、茫然自失の人は、周りに翻弄され、自分を見失っているのですから、当然自分のテンポで生きることができていません。

豊かさとは、自分のテンポで生きること。

言い換えると、「自分の人生の主導権を握っているか」と捉えることもできます。

東洋きっての軍略家として知られる孫子の『孫子の兵法』のなかでこんなことが述べられています。

善《よ》く戦《たたか》ふ者《もの》は、人《ひと》を致《いた》して人《ひと》に致《いた》されず。

ここで言う「致す」とは相手のことを動かしたり、振り回したりすること。

戦上手ほど、相手を振り回して、相手から振り回されることはない。そう孫子は語っています。

まさに主導権の話です。


人生においてもまったく同じ。

人生を善く生きる人は、何かに振り回されたりはしません。生きる主導権を自分で持っています。

「周囲を振り回す」というのはまた話が違いますが、少なくとも、主体的に動くことで、周りの環境を変えたり、自ら状況を切り開いていきます。

一方、人生に不満が多い人は、たいてい何かに振り回されています。結局、自分以外の何かに主導権を握られてしまっているのです。

今の会社を辞めたいのに、辞めることができない。

上司に言いたいことがあるのに、言えない。

そんな人も多いと思います。

厳しいことを言えば、それは会社や上司（その他の状況）に人生の主導権を握られている状態。

その状態は、やはり「豊か」とは言えないでしょう。

どうしたら人生の主導権を取り戻すことができるのか。そんなことを考え、実践してみることをおすすめします。

これは天性天分の話とも繋がってきますが、「本当にやりたいこと」「ワクワクすること」「無理がないこと」をやるのは、人生の主導権を握るという意味でも大切です。

すなわち、それが「豊かさ」に繋がります。

簡単に、すべてが好転し、軌道に乗っていくわけではありません。

私が東洋思想をベースとした教育事業に舵を切ったときも、うまくいくまで十年かかりました。

しかし、十年やれば、誰だって、どんなものにだってなれます。

自分が目指す豊かさに到達するまで、時間はかかるかもしれません。しかし、そんなに心配はいりません。

なぜなら、本当にワクワクすることをやっていれば、そのプロセス自体を楽しむことができるからです。

何かを達成する以前に、もはやその状態を「豊かだ」と感じるはずです。

日本らしい資本主義があるはず

本章の冒頭でも述べた通り「豊かさ」というテーマは、個人レベルとは別に国レベルでも考える必要があります。

日本という国が今、豊かだと言えるのか。

私たちは国として、どんな豊かさを目指していくのか。

そんな視点で歴史を振り返ってみると、やはり戦後の日本は金銭物質主義に走り過ぎたのではないか。そんな反省をせざるを得ません。

お金や物質主義を完全に否定しようと言うのではありません。

そもそも論語は利益追求を否定していない。そんな話もしました。


しかし、ただ利益を追求し、経済の拡大を目指すことが、本当に望まれる豊かな姿なのでしょうか。

戦後の日本が目指してきたのは、西欧型の資本主義。もっと言えばアメリカ型の資本主義です。

それによって経済成長を果たし、物質的に豊かになったことは間違いありません。

ただし、本当の意味で自分たちが主導権を持ち、自分たちが目指す豊かさに向けて進んできたでしょうか。

冷静に振り返ってみると、私たちは主導権を失っていたようにも感じます。

アメリカ型の資本主義をひたすらに追いかける様は、国としての主導権を失い、翻弄されている姿。そんなふうに思えてなりません。

これは主権や制度の話をしているのではなく、「どのような豊かさを目指すのか」という精神やカルチャーを含めた主導権の話です。


一言で資本主義と言っても、アメリカにはアメリカの資本主義があって、フランスにはフランスの、ドイツにはドイツの資本主義があります。

当然、日本にも日本の資本主義があってしかるべきです。

たとえば、それを渋沢栄一は『論語と算盤』という二つの要素で表現しました。

論語とは、ものの道理、人間として大切にすべき本質を表しています。

算盤とは、ビジネス、経済活動を指します。

利益を追求し、事業や経済を拡大するのは大いにけっこう。

しかし、それはものの道理、人間として大切なものを十分に踏まえた上で行われなければならない。

そんなメッセージが『論語と算盤』という言葉に内包されています。

あるいは、本章では「豊かさとは、自分らしいテンポで生きること」と述べました。すなわち、日本が目指すべき「日本らしいテンポの資本主義」があるはずなのです。世界的に見ても四季の変化が美しく、山岳信仰を含め、自然を愛でるカルチャーが日本にはあります。

論語の言葉を借りるなら「山を楽しむ」といったところです。

そんな日本らしい風土、テンポ、時間的余裕であったり、精神的な豊かさを踏まえた国のあり方や資本主義とは何か。

私たちはもっと真剣に、ていねいに考えなければなりません。

現状を見てみると、西欧型、特にアメリカ型の資本主義に引っ張られ、自らの姿を見失っているように感じます。

立ち止まれなかった日本

戦後の復興期、日本全体が金銭物質主義に走ったのは無理からぬ話です。私は三歳のとき終戦を迎えましたが、当時は本当に何もない状態でした。食べるものもなければ、着るものもない。人によっては、住む家もない。そんな有り様です。その状況ではとにかく物が必要です。なければ生きていけません。そこから這い上がっていくために物質主義になるのは当然ですし、拝金主義になるのも、ある意味、必然の帰結です。

それ自体はそれでよかったのだと思います。

しかし、一九六四年には東京オリンピックが開かれ、そのあたりから、ただ闇雲に経済成長、物質主義を目指すのではなく、日本らしい「豊かさ」を再定義する必要があったように感じます。

しかし誰もが知るとおり、そこでの方向転換や方針の検討はなされませんでした。一度立ち止まり、冷静になって目指すべき姿を修正する機会は、じつはその後も何度かありました。

高度成長が終わり、バブルが崩壊した時期。「3・11（東日本大震災）」のときも一つの節目ではありました。

2020年には新型コロナの問題が起こります。これまでのやり方を変えるという意味では、一つのチャンスではあります。

私たちは本当の意味での「豊かさ」を取り戻すことができるのか。

日本という国として、目指すべき「豊かな姿」を真剣に、ていねいに考えることができるのか。

非常に大事な時期を、今、私たちは過ごしています。

こういうときこそ、国の未来を構想し「目指すべき姿」を描ける人物が求められます。

突き進んだのは「洋魂洋才」だった

ここでもう少し時代を遡って私の歴史観を述べておくと「明治維新は誤りだった」と考えています。

当時から「和魂洋才」という言葉はよく使われていました。

魂、すなわち精神の部分は「日本的なもの」を生かしながら、さまざまな技術や制度など、優れているもの、使えるものは西洋のものを活用していく。

その概念は正しかったと思います。

しかし、蓋を開けてみると「和魂洋才」の影は薄く、実際には「洋魂洋才」であるかのごとく西欧化が進んでいきます。

明治以降、日本が実施してきたのは『近代化』とは名ばかりで、むしろ徹底した『西欧化』と呼ぶべきものでした。

最大の要因は、日本らしい近代化を実現するための『構想係』が存在しなかったこと。

和と洋、それぞれの価値や文化的背景を理解した上で、自分たちが本当に目指すべき姿を創造できる構想係。時代を背負い、未来を見据えて構想する才能が、残念ながら、日本の近代化プロセスの中に存在しなかったのです。

そこが非常に悔やまれるところだと私は分析しています。

本来なら、その役割を横井小楠や佐久間象山が担うはずでした。

ところが、彼らは二人とも近代化を目指す時期を迎えることなく、暗殺されてしまいます。佐久間象山は明治維新直前に、横井小楠は維新後すぐに殺害されます。日本が誇る明晰な『構想係』はいなくなり、言わば、舵取りのいない状態で近代化を進めていきます。

明治期の『実行係』と言えば、やはり大久保利通と伊藤博文でしょう。この二人は実行係として、非常に優秀でした。

それだけに日本の近代化は（暴走と言っていいほどに）進んでいくのですが、なにしろ「どこを目指すのか」という姿が描けていません。

本章の冒頭で、誰もが「豊かになりたい」とは思っているものの、その「豊かさの姿」を描けている人はあまりいないという話をしました。

明治期の日本は、国全体がそういう状況でした。

とにかく欧米に追いつけ追い越せとばかりに、どんどん欧米に視察に出かけ、なんでもかんでも真似していく。欧米を肌で感じた人たちは「向こうでは、こんなことをやっていた」と声高に主張し、そのやり方を取り入れていく。

そんなふうに、日本は近代国家を作っていってしまったのです。

当たり前と言えば当たり前ですが、そこに「和魂洋才」の「和魂」が入り込む余地はなくなっていました。

アイデンティティの危機

世界に目を向けてみると、じつはかつてのインドも似たような状況にありました。

英国領だったインドは、独立するときに、ごく当たり前の流れとして「英国のような国づくり」をしようとしました。

そこに「待った」をかけたのがマハトマ・ガンジーでした。

ガンジーは「君たちは、ここにもう一つ英国を作る気か！」と言い放ち、「インドはインドなのだ」というアイデンティティを守ったのです。

イギリスの製品を使用せず、インドの伝統的な綿製品を着用することを呼びかけたガンジー。「インド伝統の糸車を回すガンジーの写真」はあまりにも有名です。

誤解を恐れずに言えば、日本という国は今、アイデンティティ・クライシスにあると感じずにはいられません。

私たちが目指すべき「豊かな国」とはどういうものなのか。

一度立ち止まり、しっかり考えなければなりません。

豊かになれる人と、そうでない人

「豊かさ」というテーマにおいて、老子の言葉も一つ取り上げておきます。

本当の豊かさとは何なのか。

そんな問いに向き合うとき、やはりこの言葉を思い出さずにはいられません。

足《た》るを知《し》る者《もの》は富《と》む。

老子

結局、豊かに生きられるかどうかは「足る」を知っているかどうかにかかってきます。

もし「足る」を知らなければ、「もっと欲しい」「もっと認められたい」という欲望から逃れられません。

何かが十手に入ったら、次は二十欲しい。

人に評価されたら、もっとたくさんの人に「スゴイ」と言われたい。

こうした思いに際限はありません。永遠に「足りない思い」を持ち続け、むしろ増幅させ、満足は訪れません。

老子の教えどおり、「足る」を知らなければ、豊かさを感じることができないのです。

かく言う私も、三十代、四十代は強欲に、金銭、物質を求め続けてきました。ビジネスで成功したい、もっと収益を上げたい。そんな思いに突き動かされていました。

しかし、本書でも述べた通り、私は五十歳のときに方向を大きく転換しました。そして五十三歳になったとき、これからの生き方の基本として、私はこの言葉を胸に置くことに決めたのです。

足るを知る者は富む。

私はこの言葉を本当に大切にしています。

余談ながら、私は大の犬好きで、犬のいない人生など考えられません。

これまでもずっと犬を飼ってきたのですが、五十三歳のとき、新しい柴犬を飼うことになりました。

その犬には「トム」と名付けました。

犬の名を呼ぶ度に、この言葉を思い出し、胸に刻めるようなしくみを自分で作ったわけです。

ちなみに「足るを知る者は富む」の前には、こんな言葉があります。

人《ひと》に勝《か》つ者《もの》は力《ちから》有《あ》り、自《みずか》らに勝《か》つ者《もの》は強《つよ》し。

老子

老子は「人に勝つこと」を否定してはいません。そういう人は「実際に力があるんだよ」「それは素晴らしいことだよ」と認めています。
競争社会の中で抜きん出ようとするのも、決して悪いことではありません。
しかしその一方で、本当に強い人は自分に勝つものだ。
そう老子は説きます。
他人と比較するのではなく、自分自身と向き合う。

あなたにとって、豊かとはどういうものでしょうか。
ぜひ考えてみてください。
周囲に主導権を握られることのない「あなたらしい豊かさ」が必ずあるはずです。

「豊かさ」とは、心がのびのびしていること。せかせかと物質主義に突き進んではいけない。「足るを知る」人こそが、真の豊かな人。

「頑張れば成功できるはずじゃ…」

「今の仕事で何かを成し遂げられるだろうか」

「他人の成功が妬ましい」

「自己投資ブームについていけません」

を、抜け出したいときに

6章

成功とは

漠然と、
人生の成功者になりたい…

前章では「豊かさ」について考えましたが、本章のテーマは「成功」です。
自分にとっての成功とは何か。
やはり、そんな根本的な問いに向き合わずにはいられません。
論語にはこんな言葉があります。

知者《ちしゃ》は惑《まど》はず。仁者《じんしゃ》は憂《うれ》へず。
勇者《ゆうしゃ》は懼《おそ》れず。

論語

知者とは、物事をよく知る人。
そして、知者は迷うことがない。
本書でも「三十にして立つ、四十にして惑わず」という論語の言葉に触れましたが、生きていく上で「迷いがなくなる」というのは一つの成功だと私も感じます。

仕事であれ、その他のものであれ「自分はこれをやって生きていくんだ」という人生のテーマが決まり、迷いがなくなる。それは素晴らしい達成です。

そのジャンルで大成したとか、人がうらやむようなポジションを得た、大金を稼ぐことができたという外側の要素も大事かもしれませんが、それで成功が決まるのではありません。

真の成功は心の内にある。

逆に言えば、心の内に迷いがあるようであれば、どんなに外側の要素が満たされたとしても、成功とは呼べないでしょう。

世の中は自己と他者で成り立っている

続いて論語は「仁者は憂えず」と説いています。

「仁」とは、相手を思いやり、人と人との繋がりを大切にする心。

すなわち「仁者」とは、人と人との繋がりを理解し、大切にできる人です。


そもそも世の中は「自己と他者」という二つの存在によって成り立っています。世の中で生きていく術を身につけるとは、究極的には「自分と他人」「自己と他者」というものを知り、その関係性の中での振る舞い方を学ぶことです。

江戸時代の親たちは、まずそのことを子どもに教えたいと考えていました。近所の子どもたちが集まって「かごめかごめ」をやっているとき、その輪に入れず、一人でポツンとしているようでは困る。

「自己と他者」という関係の中で、どのように行動すればいいのかを身につけさせたい。江戸の親たちは何よりそれを願っていました。


じつに当たり前の話ですが、世の中に自分は一人しかいません。

一方、他人は数え切れないほどいます。
つまり、世の中とは圧倒的に他人の方が多いのです。
そんな構造の中で、自分本位、自分勝手に生きていたら孤立するのは当たり前。
社会の中で生きていけません。

だからこそ、他人のことをいつも思いやり、大切に考える。
社会の構造を考えれば、至極まっとうなアプローチであり、世の道理です。
これが究極的には「仁」というものです。

論語では「仁者は憂えず」と説いています。
仁を理解し、実践できている人は悩みなんてなくなる。
よく職場の悩みの九割は人間関係と言うでしょう。
職場に限らず、世の中の悩みのほとんどは「人と人との関係」に起因するもの。
それだけ「人間関係」は私たちを苦しめます。

しかし、逆に言えば、

自分のために何かをするのではなく、他人に尽くす。

他人に尽くしていれば、絶対に自分は生きていける。


そう確信できるとしたら、悩みはかなり軽減するでしょう。

それこそが「仁者は憂えず」という境地です。

他人の世話をしてあげて、何の見返りも返ってこなかったとします。そんなとき、あなたはどう思うでしょうか。

「なんて恥知らずな人なんだ」と相手のことを責めるでしょうか。

あるいは、「自分ばかりが損をするから、もうそんなことはやめよう」と感じる人もいるかもしれません。

その時点で人間関係に悩み、ストレスが生じています。

しかし、仁者はそこに迷いがありません。

見返りがなかったとしても、人を思いやり、行動するのは当たり前。そこに迷いがないのです。

そんなふうに他者と関わっていれば、憂いがなくなるのも必然です。

簡単にたどり着ける境地ではありませんが、論語はそんなことを教えてくれています。

勇気は人のために発揮するもの

最後に出てくる「勇者は懼《おそ》れず」とは「義」の話です。

「義を見てせざるは勇なきなり」という言葉を知っている人も多いでしょう。

これも論語の言葉ですが、「これが正しい」「こうするべきだ」と知っていながら行動できないのは、勇気がない者である。

そんな意味合いの言葉です。

子どもが川で溺れているのを見て「誰かが助けてくれるだろう」と思って見て見ぬふりをする。

道で困っている人がいるのに、自分から声をかけることはしない。

最近はそんな人も多いでしょう。

「こうした方がいい」とわかっていても、わざわざその行動を取らない。それは「勇なきなり」ということです。

論語に出てくる「勇者」とは、単純に他人なら恐れるような行動をする人ではありません。

大事なのは、そこに「義」があるかどうか。すなわち、人のための行動であるかどうかが分かれ目です。

恐れることなくバンジージャンプが跳べるとか、危険なところへも平気で行けるなど、個人的な「怖いもの知らず」の話ではありません。

本当の勇者とは、人のために行動できる人であり、そんな勇者は「恐れることがない」と説いているのです。

知者は惑わず、仁者は憂えず、勇者は懼れず。

この言葉は一見すると三つのことを教えているように感じますが、根底では繋がっています。

もちろん、すべてを実践するのは難しいですが、そんな人間になれたとしたら、その人の人生は紛れもなく成功と言えるのではないでしょうか。

「冬も青々と茂っている樹木」になる

もう一つ、まったく別の視点から「成功」あるいは「人生」について考えてみましょう。

最近は「人生百年時代」と言われます。

人の寿命は長くなり、人生のバランス、あり方が大きく変わってきたのは誰もが認めるところでしょう。

私は百年時代の人生を次のように捉えています。

二十歳までは、人間としての基礎を身につける期間。

人間社会で生きていくための最低限のことを学んでいく時代です。

すると残りは八十年あるのですが、それを半分にすると、二十歳から六十歳までが人生の前半です。

五十歳や六十歳になって「自分の人生が終盤に差し掛かっている」と感じている人もいるかもしれませんが、そんなことはまったくありません。

人生の前半が終わりそうなだけです。

六十歳から、人生の後半が始まります。私に言わせれば、人生の「黄金期」の幕開けです。

人生の前半で経験したこと、成功も、失敗も、すべてをひっくるめて六十歳からの「黄金の人生」を豊かに生きる。

それこそが人生における「成功」だと考えています。

論語にはこんな言葉もあります。

歳寒《としさむ》くして、然《しか》る後《のち》に松柏《しょうはく》の彫《しぼ》むに後《おく》るるを知《し》る。

論語

直訳すると「寒い時期が訪れると、松や柏の葉が落ちることなく残っていることに気づく」という意味です。

冬になれば、たいていの樹木は葉を落とします。

しかし、松や柏は常緑樹なので冬になっても青々と茂っています。

人の人生もこうでなければいけない、と論語は教えているのです。

七十歳や八十歳になったとき、周りの雰囲気に流されて、なんとなく一緒に落ちぶれているようではダメ。

そういうときこそ葉を落とすことなく、青々と茂っていられる人になる。それが本当の成功者である、と論語は説いています。

人生百年時代の成功論として、こんなにぴったりなメッセージはありません。

人生後半は「無競争の時代」

では、どうしたら周囲が葉を落としていく中で、青々と生きていけるのか。

その一つは、やはり本質、道理を理解すること。

人生の前半はどうしたって世俗的な欲望であるとか、競争の中で生きていくことになります。

そこで成功することにもちろん意味はあるでしょう。それ自体は否定しません。

しかし、いつまでも「他者との競争に勝利すること」や「金銭物質的な価値」に囚われていたら、人生の後半は苦しくなります。

たとえば「大きな組織で重責を担うことこそが人生の成功だ」と捉えていたらどうでしょう。

そんな役割は早晩なくなってしまいます。

自分の中の成功基準がアップデートされていなかったら、その役割から追われることを恐れ、しがみつくしかなくなります。

果たして、それが豊かな人生でしょうか。

人生の成功と言えるでしょうか。

人生が六十歳や七十歳で終わるのであれば、そんな逃げ切り方もできたかもしれません。

しかし、今は人生百年時代。

望むと望まざるとにかかわらず、ものの本質に立ち返り、老子的に言えば「根っこ」や「命」に立ち戻って、「何を大切に生きていくのか」を考えなければなりません。

そうした根本に向き合わなければ、いつのまにか葉がすべて落ち、落ちぶれた人生を受け入れなければならなくなります。

人生の前半は「競争の時代」かもしれませんが、後半は言わば「無競争の時代」です。競争に勝利することで得てきた金銭、ポジション、名声などはほとんど意味をなしません。

そのときこそ人間としての本質が問われます。

言い換えるなら、内発的な喜びとか、ワクワク感が求められるということです。

だからこそ、人生の後半はおもしろい。

時代とともに「人生の成功」も変わってきているのです。

大事なのは「今」に触れること

周囲が葉を落とす中で、自分は青々と茂ったまま生きていく。

そのもう一つのポイントは「フレッシュな空気」に触れることです。

年齢を重ねれば、当然、知識や経験も積み重なっていきます。

そこに意味や価値があるのは事実ですが、「自分はこんなことを知っている」「こんな体験をしてきた」というだけでは、往々にして「時代遅れの古い人間」になってしまいます。


東洋思想だってそうです。

古い思想や哲学には大きな価値がある。それは間違いありません。

しかし、それを「古い人はこんなことを言っている」というだけでは、単なる知識に過ぎず、本当の意味や価値は生じません。

大事なのは「今」に触れること。

もっと言えば、「今に繋げること」です。

「今」という時代の空気を存分に吸い、現代の風を感じた上で、古いものの価値を再定義し、打ち出していく。

そういうことができて始めて、自身の経験や知識が本当の意味を持ち始めます。

私は東洋思想をベースとした教育事業を展開していますが、ただ「古いものを学ぶ教養人」を育てたいのではありません。

現代の変化するビジネス環境や社会課題に対して、いかに東洋思想が効くのかを説いています。

リソースは古典でも、常に目線は最先端でなければなりません。

たとえば、近年は「DX」（デジタル・トランスフォーメーション）がさまざまな企業、組織で求められています。

これだけテクノロジーが進化し、浸透しているのですから、それらの技術を使って社会や組織のあり方を変えていくのは当然です。

これからの未来、さまざまな分野でテクノロジーが従来とは違った働きをすることは確実です。それによって人の働き方や動き方、担う役割も大きく変わっていくでしょう。

そうした時代の変化を敏感に感じておくことは絶対に必要です。

では、DXを実践していく上で大切なこととは何でしょうか。

それは「効率が上がる」とか「さまざまなことが簡単にできるようになる」「情報の一元化が可能になる」といった実質的な側面ばかりではありません。

技術は科学ですが、それを使うのは人間です。

すなわち、DXを推進していく上で、もっとも大切にしなければならないのは「その技術がどれだけ優れているか」ではなく、「その技術を使って、私たちは何を実現したいのか」「どこを目指していくのか」という部分です。

まさに「技術に精神はあるか」という話です。

ちなみに、これは佐久間象山の言葉です。

最新のテクノロジーを導入するのはもちろん大切です。それは抗いようのない時代の流れです。

しかし、そこにこそ「古典の思想や哲学」が必要となってくる。

そうした価値の再創生ができたとき、「新しい世界」において「古いもの」が見直されていくのです。

人生の後半を迎える人は、まず例外なく、さまざまな知識や経験を有しているでしょう。

そうしたものの価値を高め、より意味のある存在となっていくためにも、新しい風を感じ続けなければいけないのです。

「何もしない」こと

さて、ここからはガラリと視点を変えて、老子の言葉について考えてみましょう。
本書の「学び」のところでもこの言葉を取り上げました。

學《がく》を爲《な》せば日《ひ》に益《ま》し、道《みち》を爲《な》せば日《ひ》に損《そん》す。之《これ》を損《そん》し又《また》損《そん》し、以《もつ》て無《む》爲《い》に至《いた》る。無《む》爲《い》にして爲《な》さざる無《な》し。

老子

前半部分は「学問をすると知識は増えるが、道を実践する者はさまざまなものがなくなっていく」という意味合いの言葉。

そうやっていろいろなものを削ぎ落としていくと、最後は「無為」に至る。「何もしない」という境地にたどり着くわけです。

しかし、その上で「無為」は「為さざる無し」と言っています。何もしていないようで、すべてのことをしている。

それが老子のメッセージです。

老子らしい世界観を存分に表していますが、すんなりとは理解しにくいところではないでしょうか。

ちなみに「無為」については、こんな言葉もあります。

道《みち》は常《つね》に無《む》爲《い》にして、而《しか》も爲《な》さざる無《な》し。

老子

結局ここでも「道というものは無為である」、そして「無為は為さざる無し」と言っています。

「無為」すなわち「何もしない」という概念が老子哲学の真髄であることは確かです。

本章のテーマに絡めるならば、そこに一つの成功が見えてくるのも事実でしょう。

しかし、老子の言う「無為」とはいったいどういうものでしょうか。

やはり、この難題に向き合わずにはいられません。

老子における「無為」とは何か

無為の反対は「人為」です。「作為」と表現してもいいでしょう。

人為にしろ、作為にしろ、何かをするときに思惑が入り込んでいる状態です。

単純に考えれば、それがない状態が無為。

私もそう考えてきました。

私は東洋思想をベースとした教育事業をしているわけですから、当然「無為が大事ですよ」と繰り返し話してきました。無為の反対は「人為」や「作為」である、という解説も何度となくしてきました。

無為とは、作為がなく、何もしないこと。

言葉だけを拾えば、その通りなのかもしれませんが、もう一つしっくりきません。正直に告白すれば、私の中でもはっきりとしないまま「無為が大事ですよ」と言い続けてきたのです。

私自身「無為とは何か」を掴《つか》みたくて、考え続けてきました。

あるとき、世界的な心理学者ユングの自伝を読んでいました。

ちなみに、ユングも相当な「老子読み」なのですが、自伝の中で彼自身も「無為とは何かがよくわからない」と語っていました。

それを読んだときは「なんだ、私と同じじゃないか」「私もユングの領域に入ってきたのかな」と思ったことを覚えています。

その自伝をさらに読み進めていくと、こんな場面が登場します。

ある日、家にユングの子が孫を連れて遊びに来ます。

孫は一歳でヨチヨチ歩き。

親（ユングの子）は、ユングに「かわいい孫が歩けるようになった姿」を見せたくて、連れてきたわけです。

一歳ですから、とにかく危なっかしい足取りでヨチヨチ歩きます。親はその後ろについていて、いつ転んでもいいように手を広げて待ち構えています。

その様子を見たとき「これが無為だ」とユングは気づいたと言います。

実際に何をするわけではないけれど、「緊張感を持って見守る」。

それこそが「無為」なのだと理解したと語っています。

言われてみれば、私にも思い当たる節があります。

以前、ある会社のアドバイザーを務めていたのですが、経営がうまくいかず、会社存続が危ぶまれるような時期がありました。

どうその危機を脱するのかを決める重要な会議に、社長と一緒に私も参加していました。

その社長は歴史に名を残すような名社長、名経営者なのですが、会議が始まってから一言も言葉を発することなく、じっと見守っていました。

討論は合計六時間にも及びましたが、その社長は何も言いません。

そして、最後に総務部長が「それじゃあ、社長お願いします」と言い、そこで初めて「今日はごくろうさん。とてもいい討論ができた。それじゃあ、A君の言っているようにやろうかね」とだけ社長は言って、すっと部屋を出ていきました。

私もすぐに部屋を出て、社長室へ向かい、その真意を聞いてみました。

すると、「私が最初に何か言ったら、それで決まってしまうでしょう。そうなったら、私一人の頭脳で考えて決めることになってしまいます。私の頭脳なんて大したものじゃないのに、ただ権威があるというだけで、会社の行く末を左右するようなことを決めてしまう。それだけは絶対に避けなければいけないと思ったんですよ」と言っていました。

「その代わり、とてもくたびれた。肩は凝るし、体中が痛くなった」とも話していました。


まさに、緊張感を持って見守っていたわけです。

ただ聞いているのではなく、緊張感を持って見守る。

これが無為です。ただの「何もしない」とは決定的な違いがあります。

一言もしゃべらなかった社長が「いつも以上にくたびれた。体中が痛くなった」と漏らしていたのはとても印象的でした。

しかし、社長は「じっと見ていたからこそ、いろいろ本質的なところがわかった。これからもマネジメントは全部この方式でいこうと思う。今日はそんな画期的な収穫があった」とも話していました。

まさに「無為にして、為さざる無し」の本質を見た気がします。

その六時間、社長は何もしていないようでいて、すべてのことを為していたわけです。

老子が説く「無為自然」

老荘思想には「無為自然」という非常に大切な言葉があります。

自然とは何か。

言葉だけを聞けば、いわゆる「ネイチャー」「大自然」を思い浮かべるでしょう。

しかし、自然は「じねん」とも読み、「おのずとしかり」という意味が込められています。自ずと然るべきところに収まっていく。そんな概念です。

すなわち「無為自然」とは、何もしないことによって、自ずと然るべきところに収まっていく。そんな壮大で、根本的な世界観を表しています。

しかし、ただ何もしないのではなく、緊張感を持って見守る。

徹底的に考え抜き、思いを巡らせていながら、何も手を下さない。

そういうときに、物事は自ずと然るべきところに収まっていく。

なんと大きな思想でしょうか。


松下幸之助は「経営者として成功するための条件は何ですか?」と問われたときに「それは、運が強いこと」と即答しました。

もちろん、上っ面の幸運の話をしているのではありません。

本当に成功する人は「天地の力」を引っ張れる人物である。

そんなことを松下幸之助は言いたかったのです。

松下幸之助の言葉からも「無為自然」を感じずにはいられません。

本当に力があり、ものの道理を理解している人であれば、自ずと天が味方してくれる。特別な何かをするわけではないけれど、むしろ何もしないことによって、然るべきところに収まっていく。

言わばそれが自然の摂理であり、宇宙の法とも呼ぶべきものです。

そんなことを老子はさらりと説いているのです。

「成功」とは、つねに人間関係の中に存在するもの。人のために何かをすること。一方で、ものの道理を解し、「無為自然」であることも忘れずに。

「女性だからこその力ってありますか」

「男性の生きづらさはどうなるの…？」

「結局は男性社会ですよね」

「本質的な社会変化はおきるのか」を、抜け出したいときに

7章

女性の活躍とは

結局は、男性社会の枠組みで考えられていないか

本章のテーマは「女性の生き方」。

最近の社会風潮からすれば「男性の生き方はこうで、女性はこんなふうに生きていく」という分け方自体が時代錯誤と言えるでしょう。

男性、女性という分け方に限らず、ジェンダーに関するデリケートな部分も多分にあります。

しかし、男性、女性といった視点をまったく無視して「差がないもの」と捉えてしまうのはむしろ不自然な話。

さまざまな異論はあると思いますが、本章ではあえて「男性」と「女性」という視点を持ちながら、論語や老子の教えを紐解いてみたいと思います。

私の生徒たちの中にも、さまざまな方面で活躍している女性は大勢います。大企業の専務になっている人もいますし、官僚のトップになっている人もいます。

そんな彼女たちを見ていると、共通して感じるのは謙虚だということ。

どんなに能力があっても、謙虚でなければ真の活躍をすることはできません。表面的かつ安易に捉えて誤解して欲しくないのですが、「謙虚であることが大事」という話をすると、あたかも「女性だから、謙虚でなければならない」と主張しているかのように、歪んだ受け止め方をする人がいます。

しかし、本質は違います。

本来的にそこに性差はなく、女性であれ、男性であれ、謙虚であることはやはり大事なのです。

そして、もう一つ活躍する女性たちを見ていて思うのは「物惜しみをしない」という点です。

わかりやすく言えば「けちくさいところがない」ということ。

「ケチ」に男も女もありませんが、私の周りにいる女性たちは特に気持ちがいいほど出し惜しみをしません。

「私にできることは何でもやります」というのが彼女たちの基本スタンスで、どんなことでも協力してくれますし、何でも提供してくれます。

そういう人と関わっていると、やはり「ぜひまたこの人と仕事がしたい」と思いますし、「この人が困っているときには全力でサポートしたい」と思います。

誰に対しても、謙虚で、物惜しみをしない人は、それだけ仲間が増え、ファンが増えます。

優れた女性を見ていると、特にそういう関係構築が得意で、協働できるコミュニティを作っていきます。

ちなみに、論語にはこんな言葉があります。

如《も》し周公《しゅうこう》の才《さい》の美《び》有《あ》るも、驕《きょう》且《か》つ吝《りん》ならしめば、其《そ》の余《よ》は観《み》るに足《た》らざるのみ。

論語

ここに出てくる周公とは、孔子が生まれた「魯《ろ》」という国を開いた周公旦《しゅうこうたん》のこと。孔子がもっとも尊敬する人物の一人です。

周公のような素晴らしい才能を持っていても、驕《おご》っていたり、物惜しみをするようでは、目を留めるような値打ちはない。

そう孔子は断じています。

もちろん、これは女性を対象にして語られた言葉ではありません。

しかし、女性を含めた人間観としても非常にしっくりくる言葉です。

能力が高かったり、言葉が巧みであったり、見た目や所作が美しい人であったとしても、傲慢、驕慢であったり、出し惜しみ、物惜しみをする人は素敵には映りません。

男性的な論語、母性的な老子

ただし、そもそも論語とは父権社会の色合いが強い教えです。

本書でも述べた通り、論語は北中国で広がった思想。

北中国はもともと遊牧民が暮らす地で、父権に象徴される強いリーダーが一族を引っ張っていく背景が前提としてあります。

そのため、そもそも「女性とは」というメッセージはなかなか見当たりません。

一方、老子はとても母性的です。

老荘思想のベースは南中国にあって、そこは農耕文化の地。

父権的な強いリーダーが引っ張るというより、その土地に根付き、みんなで一緒に生きていくというカルチャーが背景にあります。

「自然とともに生きる」は老荘思想の大前提であり、その根源はやはり「母なる大地」なのです。

そんな老荘思想を象徴するような言葉があります。


谷神《こくしん》死《し》せず、是《これ》を玄牝《げんぴん》と謂《い》ふ。玄牝《げんぴん》の門《もん》、是《これ》を天地《てんち》の根《こん》と謂《い》ふ。綿綿《めんめん》として存《そん》するが若《ごと》く、之《これ》を用《もち》ふれども勤《つか》れず。

老子

最初に出てくるのが「谷の神」の存在。

そもそも谷とは四方八方の山から栄養分がすべて流れ出て、集まってくる場所です。「もっとも肥えた土地」と言い換えてもいいでしょう。

そんな谷は永遠であり、命を育み続ける。

では、谷とは何か。

それが「玄牝《けんぴん》」であり「玄牝の門」であると老子は説きます。

「玄牝」とはメス・女性のことであり、「玄牝の門」は女性器を表しています。

すなわち、女性とは天地すべての根源であり、それが尽き果てることはない。永遠に続いていく。

そんな女性賛美に溢れた言葉です。


谷には必ず川が流れていて、その川から水蒸気が発生し、やがて恵みの雨を降らせます。

もともと「気」という字は、ゆらゆらと立ち上っていく水蒸気を表していて、水蒸気がやがて「気」を運び、人々を元気にします。

谷とは、そんな自然の摂理、循環の尊さを表す象徴的な場所であり、それは女性そのものである、と老子は言います。

この言葉からは、単なる女性賛美だけでなく、現代のサステナビリティにも通じる世界観を感じます。

見せかけの女性活躍ではなく

昨今は「女性活躍」であるとか「女性の社会進出」が盛んに求められています。

女性大臣を増やす、女性管理職の割合を高めるといった取り組みも積極的に進められています。

もちろん、そうしたことも大切です。

ただし、「論語と老子」という本書の観点から眺めてみると、また違ったイメージも湧いてきます。

何度も述べている通り、論語は男性的で、父権的な背景があり、老子は女性的、母性的な背景を持っています。

昨今の「女性活躍」や「女性の社会進出」の動きを見ていると、旧来から続いている男性的な社会構造、組織運営の枠組みの中で「いかに女性を登用するか」という話ばかりが進んでいるように感じます。

しかし、私は本当の女性活躍とは、もっと深いところにあると捉えています。「時代の変化」という大きな文脈から、女性の生き方や活躍についてあらためて考えてみましょう。

経済は拡大、成長することが是である。

ビジネスは競争であり、より多くの利益を追求することが正義である。

そんな前提がかつてはありました。

事業をどんどん拡大し、シェアを広げ、新しいマーケットを開拓していく様は、まさに遊牧民の生き方とも重なります。

父権的な強いリーダーが組織を引っ張り、言うことを聞かない人間には厳しく接する。そんな強いマネジメントが機能する世界がかつては主流でした。

しかし、その世の中自体が変わりつつあります。

これまで絶対的な価値観であった「成長と拡大」に疑問符がつき、時代の評価軸は「持続可能性」へと変わってきました。

競争と淘汰のビジネスから、共存と共栄の世界観へ変わってきたと言い換えてもいいでしょう。

地球という限られた土地や資源の中で、一緒に暮らす仲間としてリソースを共有し、可能な限り循環し、継続できる社会を作る。

そんな視点が現代では求められています。

そこに必要なのは、父権的、強権的なリーダーではなく、むしろ協働を促し、土地に根付き、永続を得意とするリーダーの姿。
老子が説く母性的なメッセージとぴったり符合してくるのです。

何度も言いますが、ここで論じているのは「女性がどう、男性がどう」という性差の決めつけではありません。

しかし歴史的に見ても、男性よりも女性の方が地域に根付き、共同体としての運営を積極的かつ上手に行ってきたのは事実です。

これからの社会を形作っていく上では、どうしたって女性的な視点や能力が必要となってきます。必要どころか、それを中心としなければ、新しい世界は構築できないと私は捉えています。

これからの社会に必要なのは「旧来の男性的な社会構造」の中で女性が活躍することではなく（もちろん、状況次第ではそれも必要ですが）、むしろ、今後目指すべき社会構造を実現するために女性が中心となっていくこと。

そんな発想の転換です。

それこそが現代における本当の意味での女性活躍であり、女性の社会進出ではないでしょうか。

地域社会の復活が求められている

日本は近代化を進めてきた過程で、どんどん中央集権型になり、地方の価値が相対的に下がってしまいました。

地方分権は弱まり、地域社会そのものが崩壊の危機にあります。

仕事はもちろん、生活の意識もどんどん都市型になり、いい意味での「土着」が薄れてきています。

地域社会が崩壊すると、さまざまなところに問題が出てきます。

たとえば子育てにしても、今や「地域で子育てをする」という雰囲気はなくなってしまいました。保育所を始めとするさまざまな育児サポートはありますが、それだけで共働き世帯の子育てを完璧に支えることは不可能です。

地域社会の崩壊は、子育て環境を悪化させ、ひいては少子化を加速させてしまうのです。

また、治安という点でも、地域コミュニティが実質的に崩壊してしまえば、「近所の人」の顔がわからず、防犯効果を期待することができなくなります。

災害の多い日本にとって、災害対策という点でも地域社会が担っている部分は少なくありません。

そして、人生百年時代です。

都市部で働き、都市部でのコミュニティが完全に機能している時期はまだいいのですが、その時期はいずれ終わってしまいます。

しかし、その後の時間も膨大に残っています。

人生百年時代ですから、六十五歳や七十歳で定年を迎えても、その先二十年、三十年という時間が残されているのです。

そのときに、あらためて大事になってくるのが地域との繫がりです。

私たちは「新しい社会」を作っていくためにも「土地に根付く」ということをあらためて考え直さなければならない時期にきているのです。

遊牧民的な社会構造ではなく、もっと農耕民族的な文化や価値観、制度やしくみが必要となっています。

明治以降、ずっと推し進めてきた中央集権的な社会を変えるのは容易なことではありません。

しかし、時代が変化を求めていることは間違いありません。

そして、その変化を牽引するのは、間違いなく女性だと私は考えます。

二〇二〇年、新型コロナの問題が起こり、リモートワークを余儀なくされる人も多かったでしょう。

しかし、これは考えようによっては「変化のきっかけ」とすることもできます。これまで都市部のオフィスへ出社することを前提としていた働き方が「どこにいても仕事はできる」という認識へ変わりました。少なくとも、そういう変化を感じる人は増えました。

都市部へ移住したり、通勤を前提とした住環境を整えなくても、仕事と生活を可能とするライフスタイルが見えてきたのです。

実際、地方へ本社を移転する企業も出てきましたし、今後もその流れは進むでしょう。

今や「都市」であることの意味や価値が変わってきています。

逆に言えば、それは「地方の時代」の到来でもあります。

地域社会を復活させ、地域コミュニティの中でさまざまな社会問題を解決していく。

そんな発想が必ず必要になってきます。

表面的な「女性活躍」「女性の社会進出」を声高に叫ぶだけではなく、目指すべき新しい社会構造の中で、もっと本質的なところから女性たちが中心となって活躍する。

今、そんな時代が訪れています。


「女性活躍」とは、男性社会に女性が登用されることではない。新しい時代の社会構造で、土地に根付いたコミュニティ作りを率先するもの。

「どうすれば人は動いてくれるの？」

「あの上司、偉そうではあるけど…」

「管理職なんてめんどくさいだけ」

「プロジェクトの荷が重い」

を、抜け出したいときに

8章

リーダーシップとは

人を動かす、正解がわからない

第八章のテーマはリーダーシップ。

そもそも論語には「君主になるための教科書」という側面があり、全編を通してリーダーシップを語っていると言っても間違いではありません。

どの言葉を拾っても、すべてがリーダーのあり方やリーダーシップに繋がります。

リーダーとはどうあるべきか。

ここではあえてこんな言葉を取り上げてみましょう。


其《そ》の身正《みただ》しければ、令《れい》せずして行《おこな》はる。其《そ》の身正《みただ》しからざれば、令《れい》すと雖《いえど》も従《したが》はず。

論語

自分自身が正しくあれば、指示・命令など出さなくても人は行動してくれる。

自分自身が正しくなければ、どんなことを言ったところで従ってはくれない。

そんな教えです。

朱子学以降の儒家の思想には「修己治人《しゅうこちじん》」という基本概念があります。

己を修めること、すなわち自分自身が修練し、徳を積むことで、人々（ひいては国）を治めることができる。それが「修己治人」です。

結局、リーダーとは「何を言うか」ではなく、その人自身が「どんな人間か」が大事。それに尽きるということです。

朝から晩まで社員に対して大声で指示、命令を出し続けている社長や上司もときどき見かけますが、そんな人は真のリーダーとは言えません。

まずは自分自身を正しなさい。

そうすれば、人は自ずと動いてくれる。

それは企業、組織に限らず、国レベルでも同じです。

今の日本はどうでしょうか。アメリカはどうでしょうか。

「国のしくみ」や「政策どうこう」を言う以前に、国のトップは自らの身を正すことができているでしょうか。

近年の香港情勢を見ていると、この論語の言葉がことさら思い出されてなりません。

どんなに厳しい規制であっても、リーダーが信頼できる人物であり、尊敬の念を抱かせるだけの人格や魅力を持っていれば、人々は従い、協力してくれるものです。

反対に、リーダーに対する根本的な「信」がなければ、結局はどんな政策も、どんな方針も機能しません。国としてのまとまりを失い、混乱を招くわけです。

論語における「信」とは何か

論語にはよく「信」という言葉が出てきます。

信頼する、信用する、信じるという意味を持つ「信」ですが、リーダーが得るべき「信」とは、いったいどういうものでしょうか。

すでに本書では「仁・義・礼・智」について解説しました。


仁とは、思いやりの心をもって相手と接し、人と人とのつながりを大切にする心。

義とは、自分をしっかり律して、物事の筋をきちんと通すこと。

礼とは、相手を敬い、尊重し、謙虚な気持ちで向き合うこと。

智とは、人間としての心をもって、さまざまなことを学び、本質を理解すること。


こうした仁義礼智を相手にきちんと尽くすことで、相手から返ってくるもの。それが「信」です。

たとえば、あなたはリーダーとしてチームのメンバーに仁を尽くしているでしょうか。

義に反することをしてはいないでしょうか。

相手に礼を示し、徹底的に尊重しているでしょうか。

しっかりと学び、ものの道理をきちんと理解しているでしょうか。

こうしたことをやって初めて、部下やチームのメンバーは「信」を返してくれます。

部長や課長、リーダーというポジションにあぐらをかいて、肝心な仁義礼智を忘れてしまっているのは論外です。

また、チームの業績がよく、マネジャーとして組織目標を達成できているとしたら、それで十分にリーダーシップを発揮できていると言えるでしょうか。

なかには「リーダーとして結果を出しているのだから、それでいいじゃないか」と考える人もいるかもしれません。

業績を上げている社長。

結果を出しているリーダー。

たしかに、それは素晴らしいことです。

ただし、評価の軸をそこだけに置いているとしたら、真のリーダーシップを理解しているとは言えません。

事業をとりまく環境がよく、ビジネスそのものが追い風であれば、業績が上がることは当然あります。

しかし、逆風が吹き始めたらどうでしょうか。

継続的に仕事をしていれば、厳しい状況に追い込まれることもあります。

部下やチームのメンバーに無理難題を投げかけなければならない場面もあるでしょう。

コロナ禍で国や自治体のトップが「無理なお願い」「要請」をするのも同じような状況です。

そのときに、リーダーの言葉がどのように受け止められるのか。
日頃のリーダーシップが試される場面です。

無理難題を押し付けられたとき、「冗談じゃない！」「そんなの無理に決まっている」という反応が返ってくるようでは、やはり「信」が足りません。

普段からリーダーが仁義礼智を尽くし、それが十分に伝わっているからこそ、「○○さんが言うことなら仕方がない」「ここはひとつ、○○さんのためにがんばろう」と思えるのです。

それこそリーダーに求められる「信」ではないでしょうか。

「恥の精神」を持つ

残念ながら今の日本を見ていると、本当の意味でのリーダーシップを発揮できる人は減っているように感じます。

もちろん、それは「ビジネスを成功させる人」とか「業績をV字回復させる人」という意味ではありません。

そうした実力、実行力も大事ですが、それに加えて、人々から「信」を得られるような魅力的なリーダー。

そんな「本物の人物」が少なくなっているように思います。


では「本物の人物」とは、いったいどういう人でしょうか。

論語の言葉を引いてみましょう。

論語

子貢《しこう》問《と》ひて曰《いわ》く、如何《いか》なるを斯《こ》れ之《これ》を士《し》と謂《い》ふ可《べ》きかと。子《し》曰《いわ》く、己《おのれ》を行《おこな》ふに恥《はじ》有《あ》り。

子貢という弟子が「立派な人物とは、どういう人ですか」と孔子に尋ね、孔子はこう答えます。

それは自らの振る舞いに恥を持てる人だ。

「恥」は、自己啓発の根本です。

なぜなら、「他人《ひと》に指導されて」ということでなく、自分で自分を正していくことこそが「恥」だからです。

自分の言葉や行動に対して恥を持てるか。

たしかに、これは人間の質を大きく左右するでしょう。

私は仕事柄さまざまな組織を見てきましたが、やはりときどき「どうして、この人がこんな要職に就いているのだろう」と疑問に思うことがあります。

いろいろ事情を聞いてみれば、社内政治が上手だったり、小狡《こずる》いやり方で自己保身をしてきた結果、大きな企業で出世を果たしている人もいます。

そんな人に感じるのは、やはり「それで恥ずかしくないのだろうか」という思い。

本人がそれで満足しているとしたら「己を行うに恥有り」とは言い難いでしょう。

「美しい人間性」というアイデンティティ

最近「本物の人物」が少なくなったと感じるのは、まさにこの「恥の精神」の欠如が大きいと思います。

どんな組織にでも「よくそんなことができるものだ」「恥ずかしくないのかな」と感じる人はいるものです。

たしかに、ルール違反ではないし、表立って咎められることもありません。

しかし、人間としてどうなのだろう…。

もはやそれは心の内の問題で、自分自身にしかどうすることもできません。

江戸の末期、咸臨丸《かんりんまる》が渡米したとき、その使節団が向こうのメディアにどのように報道されたかご存知でしょうか。

じつは「こんなに美しい種類の人間がいたのか」と驚嘆され、絶賛されています。

その中心にいたのが木村摂津守喜毅《せっつのかみよしたけ》という人物。

もちろん、いわゆるルックスが絶賛されたわけではありません。その滲み出す人間性というか、人柄、立ち居振る舞いが「美しい」と多くの人に評価されたのです。

人間として美しいと言われる。

こんなに誇らしいことがあるでしょうか。

当時の日本は、欧米列強に比べて技術的に劣っていたことは明白です。

しかし、日本には「美しい人間性」という誇るべきアイデンティティがあったのです。

ちなみに、木村摂津守は今でいう浜離宮、当時は「浜御殿」と呼ばれた将軍専用のレジャー施設を代々管理する家に生まれました。

それだけ上質な教育を子どもの頃から受けてきたわけです。


「人間」を育むにあたり、教育は非常に大切です。

しかし一言で教育と言っても、「技術教育」と「人間教育」の二つがあります。

さまざまな知識を身につけたり、読み書き算盤といった類はすべて技術教育。

一方「人としてどうあるべきか」「ものの道理とは何か」「誇りと恥について」といったところは人間教育の領域です。

「美しい人間性」という素晴らしいアイデンティティを持っていたのに、近代の日本はそれらを継承すべき人間教育をおろそかにしてしまいました。


教育には、家庭教育、学校教育、地域教育という三つのアプローチがありますが、近年を振り返ってみると、そのすべてにおいて人間教育の色合いは薄れてしまっています。

本書でも佐久間象山の「技術に精神はあるか」という名言を紹介しましたが、肝心の「精神とは何か」という根本部分を培う機会そのものが失われているのです。

そういう意味では、東洋の古典は人間教育の宝庫。

それこそ本書で語っていることは、すべて人間教育に通じるでしょう。

技術教育ももちろん大事ですが、今こそ人間教育に立ち返るべきだと私は考えます。さまざまな教育機関で、東洋思想に触れる機会をぜひとも増やして欲しいものです。

老子が語る最高のリーダー

リーダーシップについて、老子はどんなことを言っているでしょうか。

太上《たいじょう》は下之《しもこれ》有《あ》るを知《し》るのみ。其《そ》の次《つぎ》は之《これ》に親《した》しみ之《これ》を譽《ほ》む。其《そ》の次《つぎ》は之《これ》を畏《おそ》れ、其《そ》の次《つぎ》は之《これ》を侮《あなど》る。信《まこと》足《た》らざればなり。猶《ゆう》として其《そ》れ言《げん》を貴《たっと》べ。功《こう》成《な》り事《こと》遂《と》げて、百姓《ひゃくせい》皆《みな》我《われ》自《みずか》ら然《しか》りと謂《おも》へり。

「太上」とはすなわち「最高のリーダー」のこと。
最高のリーダーは「知るのみ」と老子は表現しています。
下の人たちにしてみれば「そういう人がいる」ということは知っているけれど、それ以上のことは何も知らない。その人の存在をさほど感知していない。
それが最高のリーダーだと老子は言うわけです。

その次に優れたリーダーは、みんなから親しまれ、褒め称えられる人。

さらにその次は「恐れられている人」。権威や権限、あるいは人格によって、みんなから恐れられている人がときどきいるでしょう。

そういう人は三流だよ、と老子は言っているわけです。

そのもっと下が「みんなから侮《あなど》られている人」。

そんなふうに老子はリーダーの姿を四段階で語っています。

「信」が足りなければ、もちろん人々から信頼されることはない。

そして、リーダーたるもの余計なことをごちゃごちゃ言うのではなく、言葉少なくあれ。

すると、人々は何かの仕事を成し遂げたとき「自分でやり遂げた」と感じることができる。

そんなリーダー像を老子は説いています。

なかなか興味深いリーダー論ではないでしょうか。

ここで老子はリーダー像についておもしろい指摘をいろいろしているのですが、この言葉に込められた根幹はやはり「リーダーの存在感」です。

冒頭から、最高のリーダーとは「そんな人もいるよね……」と思われているくらいの存在だと語っています。

これだけ読むと「存在感の薄いリーダー」という印象ですが、その真髄は後半の文章から感じ取ることができます。

とにかく、リーダーは「余計なことをごちゃごちゃ言うな」。

自分の体験や成功論をくどくどと話すようなリーダーは、所詮一流ではないということです。

そして、凄みを感じさせるのは最後の部分です。

一流のリーダーのもとで仕事をする人たちは、何かを成し遂げたとき「自分の力でやり遂げた」と感じることができる、と述べています。

多くの人にとって「そんな人もいるよね」というくらいの存在感のリーダーでありながら、実際には、チームのメンバーや部下たちが活躍できるようなお膳立てをしっかりと、さりげなくやっている。

そして、実際に何かを成し遂げたときには、部下たち自身が「自分の力で成し遂げたんだ」と思える。

なんと素晴らしいリーダーでしょうか。

最近は若い人を中心に「会社に求めること」として「やりがい」や「自分自身の成長」を挙げる人が増えてきました。

その会社で仕事をすることで、働くことの喜びを感じられたり、自らが成長していると実感できること。

そうした「やりがい」や「成長実感」にとって欠かすことができないのは、やはり達成感です。

それも「自分の力でやり遂げたんだ」という自己達成感ではないでしょうか。

そういう意味でも、さりげないお膳立てをしておきながら、自らの存在感は薄め、現場の人たちが達成感を感じられるようなマネジメントをする。

紛れもなく優れたリーダーです。

どんなリーダーを目指すのか

私はこれまで多くの経営者と付き合ってきましたが、この老子の言葉を読み、一番に思い出すのはソニー創業者の一人である盛田昭夫さんです。

盛田さんはまさにそういうタイプの人で、自分自身が世界中を飛び回り、ソニーが信頼を得るための働きかけを精力的にしていました。

といって、盛田さん自身が何か契約を取ったり、具体的なビジネスをガンガン進めるというよりは、そういうことは後にやってくるソニーの担当者が担っていました。

人知れず、盛田さんが足場を築いておいて、そこをソニーの社員たちが歩いていく。そんな仕事を盛田さんはしていたのです。


最近はSNSの広がりもあって、自身の功績や実績を積極的にPRして、個人のブランドを高める傾向も強まっています。

ブランドを高めることで、求心力を持ち、多くの協力者やフォロワーを得てビジネスを展開していく。オンラインサロンなどは、その典型かもしれません。

そういったリーダーシップやカリスマ性を否定するつもりはありません。それも一つのあり方であり、現代において有効なスタイルではあるでしょう。

しかしその一方で、論語や老子が語る「恥の精神」であるとか、「最高のリーダーの存在感の薄さ」というのも決して軽んじてはいけないものです。

それこそが、東洋の、あるいは日本の美意識や文化であり、「美しい人間性」という誇るべきアイデンティティの源泉でもあるからです。

たとえば、あなたはどんなリーダーの下で仕事をしたいと思いますか。

あるいは、あなた自身がどんなリーダーになりたいと思いますか。

単なる組織の役割を超え、人間性が問われる部分です。

本物ほどつかみどころがない

最後に、少し雰囲気の違う老子の言葉も取り上げておきます。

古《いにしえ》の善《よ》く士《し》たる者《もの》は、微妙玄通《びみょうげんつう》、深《ふか》くして識《し》る可《べ》からず。

老子

昔から優れた人というのは、掴みどころがなく、よくわからない。奥深く、何事にも通じていて、底が知れない。

そんな意味合いの言葉です。

まさに「微妙玄通」の話です。

老子らしいユニークな指摘ではありますが、これもまた優れたリーダー、あるいは魅力的な人物を評してるのではないでしょうか。

「玄通」の「玄」とは、いわば「玄人《くろうと》」という意味。

優れた人というのは、玄人しか通用しない世界を持っている、言わば「プロ中のプロ」ということです。

いろんなことを知っているでしょうし、一つのことに没頭して、深く考え込んでしまうと、周囲はいったい何を考えているのかわかりません。

そんな「掴みどころのない、凄みのある人」もよくいるでしょう。

優れた人というのは、そんなに単純には表現できない、ということです。

木村摂津守にしろ、西郷南洲（隆盛）にしろ「どういう人か」と問われても、そう簡単には言い表すことはできません。

西郷は、人懐っこい性格で、こんなに優しい人はいないと感じさせる一方で、とても同じ人物とは思えない冷酷無情な決断をすることもありました。

真の人物とは、ときにそういうものなのです。

優れた経営者は慎重で小心者

ちなみに、この老子の言葉には次のような続きがあります。

與《よ》として冬川《ふゆかわ》を渉《わた》るが若《ごと》く、猶《ゆう》として四隣《しりん》を畏《おそ》るるが若《ごと》し。

老子

優れた人物は「掴みどころがなく、底が知れない」と言いつつも、たとえばどんな側面を持っているかと言えば…。

という流れで老子はこんな説明を加えています。

「與として」とは、慎重に冬の凍った川を渡るように、「猶として」は、四方を取り囲む隣人を恐れるように、とにかく慎重に、用心深く。

リーダーと言えば、大胆で勇猛果敢なイメージがあるかもしれないが、実際には、超がつくほど慎重だと老子は語っているわけです。

事実、私が交流してきた優れた経営者やリーダーたちも、その多くは驚くほど慎重で用心深い。いってみれば、小心者。

小心者と言うと、やや表現は悪いかもしれませんが、当人たちが自分をそう評していますし、それだけ徹底的に調べ、考え抜き、慎重に慎重を期して決断しているのです。

「恐れを知らぬ」とはリーダーにとって褒め言葉ではありません。

リーダーに必要なのは「恐れを知ること」。

「なぜリーダーの決断が重いのか」を考えてみれば当然の話です。恐れを知らぬ人が単なる勢いで下した決断と、恐れを知る人が熟考の末、勇気を持って下した決断はどちらが重いでしょうか。

答えは明白です。

もちろん、ビジネスにスピード感は必要です。現代のビジネス環境では、より求められるスピードは増しています。

しかし、そうした環境にあるからこそ、決断には慎重さが求められます。

遅いのではなく、慎重であること。

臆病者ではあるが、ときに大胆な決断ができる。

そんなことを実現できる人は、やはり「微妙玄通」というほかありません。

捉えどころがなく、底が知れないけれど、玄人しか通用しない世界観を持っている。

優れたリーダーとはそういうものです。

「リーダーシップ」とは、さりげなく、周りの人の達成する場を整えること。慎重で臆病なことは、リーダーに必要な資質の一つ。

「病気とつきあっていくことが辛い」

「体も頭も、衰えを感じます」

「老後のことがとにかく心配です」

「もう昔のように若くないから…」

を、抜け出したいときに

9章

老いとは

失っていくことに、意味はあるのか

本章のテーマは「老い」。

「老い」という言葉自体がネガティブなイメージを喚起させてしまうかもしれませんが、私は「老い」すなわち「年齢を重ねること」をまったくネガティブには捉えていません。

どんな人も歳をとります。

「老い」は、あらゆる人にとって避けて通ることのできないテーマです。

しかし、それだけに「老い」をどう捉えるかによって、人生の豊かさは大きく変わってきます。

人生百年時代を迎える今、私たちはこのテーマについてどのように考え、どのように捉えていけばいいのでしょうか。

論語にはこんな言葉があります。

朝《あした》に道《みち》を聞《き》かば、夕《ゆうべ》に死《し》すとも可《か》なり。

論語

朝、ものの道理を知ることができたなら、その日の夜に死ぬことになったとしても悔いはない。そんな言葉です。

いったい、これは何を説いているのでしょうか。

論語をはじめ漢文は、「短い言葉」ほど注意して読み解く必要があります。言葉自体は短いので、内容そのものははっきりしています。しかし、そこからどんなメッセージが読み取れるのか。

むしろ、そこが重要となるからです。

まず、この言葉から読み取れるのは、「ものの道理を理解する」とはとてつもなく素晴らしいことで、人生の目標とすら言える。そんな思いです。

もし「ものの道理」や「世の中の本質」を本当に理解することができたなら、すぐに死んでしまってもいい。それほど素晴らしい達成なのだ。

そんな「道理を理解すること」への強い思いが読み取れます。

ただし、そこからさらに深読みしていくと、「そうそう道理なんてものは理解できない」「本質になんてたどり着けるものではない」という逆説的な解釈が生まれてきます。

何かを学び、理解すると、また別の何かが現れ、さらなる学びが必要となる。

そんな本質を暗に示してもいます。

本書でも「頂上に登らなければ、次の山は見えてこない」と語りましたが、逆説的に言えば、つまりそれは「終わりがない」ということでもあります。

自分自身が「これだ」と思えるジャンルを見つけ、その世界に分け入ったなら、決して終わりはありません。

頂上にたどり着けば、また次の山が見えて「もっと、もっと」という内なる欲求に突き動かされていくからです。

それだけ人生の楽しみは尽きない。

捉えようによっては、これほどワクワクすることはありません。

人生の黄金期はいつか

私は五十歳から、東洋思想にどっぷり向き合って生きています。

一つの山を登れば、すぐ次の山が見えてきます。

何かのプロジェクトを実施すれば、「来年はこんなことをやってみよう」という思いが次々と湧き上がってきます。

そのときが訪れるのが待ちきれないほどです。


「老い」というテーマにおいて私がこの言葉を選んだのは、「それこそが人生の後半を生きる姿」だと思うからです。

本当に、その世界の道理を理解したならば、その日に死んでしまっても悔いはないでしょう。

しかし喜ばしいことに、そんなことは起こりません。

なぜなら、山の頂上からは必ず「次に登るべき山」が見えるからです。次の山が見えないとしたら、それはまだ途中です。


私は本書で六十歳からが人生後半の「黄金期」だと述べました。

六十歳までは人生の前半で、山登りに例えるならば、基礎的な知識やスキルを身につけている段階です。

必要な装備を揃え、さまざまな山の状況を経験的に知った上で、私たちは本当の山登りを楽しむことができます。

一つの山を登り、そしてまた次の山を目指す。

その尽きない思いを持つことこそ、人生の後半を豊かにする最大のコツです。

山を登るプロセスが楽しくて仕方がない。

頂上に登り、次の山が見えてくることが、また楽しみで仕方がない。

そんな思いを持つことこそ、人生の後半を豊かに生きるポイントです。

しばらくゆっくりするなんて…！

六十歳や六十五歳で定年を迎えるとき、多くの人が私のところにもあいさつに訪れてくれます。

そんなとき私は「これからどうするの?」と聞くのですが、多くの人が判で押したように「しばらくはゆっくりします」とか「二、三年はのんびりしようと思います」と言います。

その場では、私も「そうね。それは結構だね」と言って別れますが、本心はまったく違います。

これからせっかく黄金期が始まるというのに、休むなんてもってのほか。「休息の時間」を二年も、三年も取ってしまったら、なかなか次のエンジンはかかりません。

定年を迎えたならば「待ってました」とばかりに、すぐに装備を整えて、まずは山を登ることです。自分にとってワクワクする山を、休みなんて入れずに、すぐに登り始めることが肝心です。

もし、これから定年を迎える人は「定年したらしばらくはゆっくりしよう」などと考えず、「どの山に登ろうか」「どこが一番ワクワクするか」を日々考えておいてください。

くどいようですが、六十歳や六十五歳は人生の終盤ではありません。

これから人生の黄金期が始まるというのに、ワクワクする山を登る前から「しばらくゆっくりする」なんて選択肢はあり得ません。

本当に自分が目指したいジャンルの山を登り始めれば、あとは「終わりのない楽しみ」が待っています。

「七分の教え」で人生を楽しむ

続いて、老子の言葉を取り上げてみましょう。

物《もの》壮《さかん》なれば則《すなわ》ち老《お》ゆ。是《これ》を不《ふ》道《どう》と謂《い》ふ。不《ふ》道《だう》なれば早《はや》く已《や》む。

老子

物事は勢いが盛んになると衰える方向へ進む。すなわち、それは道に適ってはいない。道に敵っていないものは早く滅びる。

そんな意味合いの言葉です。

誰でも人生において「勢いがある時期」「全力で走っている時期」があるでしょう。

そんな「勢いが盛んな状態」は衰える方向へ向かうものだ。

そもそも「全力で突っ走っている」勢い盛んな状態は道に適っていない。

道に敵っていないものは、当然のごとく早く滅びる。

そう老子は教えています。

人間の世代を表す言葉に「壮年期」というものがあります。

厚生労働省が指定する分け方によると、三十歳から四十四歳を指すようですが、そもそも「壮年」には「働き盛り」という意味があります。

今の世の中を考えれば、四十代、五十代は立派な壮年期と言えるでしょう。いわゆる若者ではないかもしれませんが、仕事人としてもっともエネルギーに溢れている時代。それが壮年期です。

しかし、こうした時期こそ、勢いに任せてやり過ぎてしまうと、早く衰えてしまう。そこを老子は突いているわけです。

よく言う「燃え尽き症候群」が、非常にわかりやすいケースでしょう。

四十代、五十代の前半くらいまではバリバリ働いていたけれど、五十代後半になり、自身のサラリーマン人生の終わりが見えてくるあたりから、急に失速してしまう人もけっこういます。

本章の論語の言葉の部分では、「次にやりたいこと」「登りたい山」を思っていることが大事だと述べました。

たしかにそれは大事です。しかし、それを十の力でやり過ぎるのではなく、七くらいの力で継続してやっていく。十の力を出そうとすると、どうしても十以上の力を出すことになってしまい、身体のどこかを傷める結果になります。七くらいの力を出そうと身体の力を抜いてリラックスして楽しんでやっていくと、調子に乗ることができて、良い結果になります。

老子に言わせれば、物事に対して十の力で臨むのは「不道」、すなわち「道に適っていない」のです。

七分くらいにしておけば、そこに流れている波にも乗れて、回復も早い。

全力投球と言えば聞こえはいいですが、全力でやっているときほど、失敗したり、挫折したときに、なかなか立ち直ることができません。

もしかしたら、そのまま終わってしまうかもしれません。

人生百年時代、人生の後半で特に大事なのは、続けることです。もっと言えば、楽しみ続けることです。

ここでも大事なのはサステナビリティ。

その極意が「七分の教え」なのです。

「道」という字が表すもの

「道」という字は「しんにょう」と「首」からできています。

そもそも「首」は前を向いているもので、未来に向かっています。

一方「しんにょう」とは「これまでたどってきた道」を表現しています。すなわち、過去のことなのです。

その二つが合わさって「道」という字はできています。たどってきた過去があり、これから向かう未来がある。その二つが繋がり、ずっと続いていくもの。それが「道」です。

道とは永久不滅の象徴でもあるのです。

だからこそ、老子は「やり過ぎてはいけないよ」「やり過ぎると、早く終わってしまうよ」と、道に反することに警鐘を鳴らしているのです。

ここでもう一つ、老子の言葉を取り上げてみましょう。

人《ひと》の生《う》まるるや柔弱《じゅうじゃく》なり。其《そ》の死《し》するや堅強《けんきょう》なり。萬物草木《ばんぶつそうもく》の生《しょう》ずるや柔脆《じゅうぜい》なり。其《そ》の死《し》するや枯槁《ここう》す。故《ゆえ》に堅強《けんきょう》なる者《もの》は死《し》の徒《と》、

柔弱《じゅうじゃく》なる者《もの》は生《せい》の徒《と》なり。

老子

人は生きているときは柔らかく、死んでしまうと堅くなる。

草木など「生」あるものはすべて同じで、生きているときは柔らかく、みずみずしいが、死ぬと枯れて、堅くなる。

堅いものは死の仲間であり、柔らかいものは生の仲間である。


ここで老子は「柔らかく、柔軟に生きること」の大切さを強調しています。

人は歳を取ると頑固になるとよく言われますが、頑固なんてものは老荘思想において「死の仲間」なのです。

年齢を重ねれば、さまざまな知識や経験が積み重なり、自分なりの価値観や信念も固まってくるでしょう。

軸ができるのは素晴らしいこと。

しかし、そこに固執して、柔軟性を失ってしまったら、それは「生」から離れていくことです。

いかにして、柔らかく生き続けるか。

人生百年時代を生きる私たちが共通して持ち続けるべき、重要なテーマです。

三分の力は抜けている状態

本章では「七分の教え」についても触れました。

それはちょうど「力いっぱい握らない」というイメージとも重なります。

力いっぱい握った拳は堅くなりますが、七分の力で握った拳は、柔らかく、しなやかです。

力を入れ過ぎるのではなく、常に、三分の力は抜けている。

じつに老子らしい伸びやかな教えです。

本章のテーマは「老い」ですが、「七分の教え」にしろ、「柔らかく生きる」ということも、老いた人に向けたメッセージではありません。

むしろ、壮年期を迎え、働き盛りの人たちがよりみずみずしく「生」を謳歌しながら生きるためのコツです。

柔らかく、しなやかに生きる。

それはちょうど「水のように生きる」という老子の言葉とも繫がってくるのではないでしょうか。

「老い」とは、物の道理を理解し、人生の黄金期を迎えること。七分の力で生き、老子の説く「水のように生きる」ことを体現したい。

「人づきあいに疲れてしまいました」

「大切な人をなくした悲しみから抜けられない」

「孤独感でいっぱい…」

「仕事先といい関係を築けない」

を、抜け出したいときに

10章

人間関係とは

時代が変わろうとも、

人生最大のテーマ

最終十章のテーマは「人間関係」について。

これまでも本書では人間関係に関する話をたくさん取り上げてきました。

「自己と他者」とは人間関係の話そのものですし、「仁義礼智」を尽くして「信」を得る。

これも人と人との関わりの話です。

それでも、最後にあらためて「人間関係」について考える。

「論語と老子」という題材を扱う本書にとって、「学び」から始まり「人間関係」で終わるのはじつにしっくりくる展開です。

論語に次のような言葉があります。


徳《とく》孤《こ》ならず、必《かなら》ず鄰《となり》有《あ》り。

論語

徳のある人は決して孤立しない。必ず仲間ができる。

そんな人間関係の根本を表す、とても有名な言葉です。

人生において友人とはかけがえのないものです。

「家族が大事」という人も多いでしょうが、結婚する相手とも、もともとは友人や知人から始まっています。

いかにして、人と人との繋がりを持ち、友人や仲間となっていくのか。

人生において、もっとも大切なことかもしれません。

そのために「徳をもって、相手と向き合いなさい」と論語は説きます。

では、いったい「徳をもって相手と向き合う」とは、どういうことでしょうか。

私はこの点について「自己の最善を尽くし切る」といつも表現しています。

相手に対して、自分のできることを精一杯やる。

結局これが徳をもって相手に向き合う態度であり、そういう態度を示している限り、決して孤立することはなく、隣には必ず友人や仲間がいる。

これこそ人間関係の本質ではないでしょうか。


自己の最善を尽くし切っていれば、往々にして相手からは「ありがとう」という言葉が返ってきます。

人生なんてものは、こうした「感謝の人間関係」をいくつ築くことができるか。

そういうものだと私は捉えています。

それは仕事であれ、プライベートであれ、同じことです。

「たくさんの人と繋がる」だけでは…

私は三十歳のとき会社を立ち上げました。

といって、何か強い思いがあったわけではありません。

二十五歳のときに大怪我をしたせいで、どの会社も健康診断をパスすることができず、就職できなかったのです。

働かないわけにはいかないので、やむを得ず、自分で会社を立ち上げた。そんな経緯です。

その程度の動機で立ち上げた会社ですから、うまくいくはずはありません。

すでに家族を持っていましたが、収入がなく、家族を養っていけないのです。普通なら、ここで借金をしてでも家族を食べさせるところですが、私の場合はすでに借金もし尽くしていたので、借金すらできない。

完全なる八方塞がりで、会社の売上を上げるしか手はありません。

そのためには知人を増やして、ネットワークを広げなきゃいけない。

そう思った私は「一日十枚名刺をもらってくる」と自分に課して、ひたすら人に会い続けました。

すると、あっという間に名刺は一〇〇〇枚を超えます。

並べてみると壮観でしたが、状況は何も変わりませんでした。

考えてみれば、当たり前です。

最近でも異業種交流会や各種セミナーで名刺交換をしまくっている人がいますが、「人を知っている」「あいさつをした」ということにまったく意味はありません。

恥ずかしながら、そんなことを、私はそのとき知ったのです。

では、どうしたらいいのか。私は必死に考えました。そのときに気づいたのが「人の悩みを解消してあげる」でした。結局、人間関係も、ビジネスもこれに尽きます。

そこからは、とにかく「人に会ったら、悩みを聞く」という生活が始まりました。

とはいえ「はじめまして、田口でございます。あなたの悩みは何ですか？」と聞いても、相手は話してくれません。

だからこそ、どんな態度で、どんなふうにコミュニケーションをすれば、相手が悩みを話してくれるのかを徹底的に考え抜き、実践していきました。

そんなわけで、自慢ではありませんが、私は短時間で相手の悩みを聞くのはけっこううまくなりました。

なにしろ、当時は家族を食べさせなければいけません。そんな強烈なプレッシャーがありましたから、こちらも必死です。

とにかく相手の悩みを聞いて、なんとかしてその悩みを解消する。

それが私の仕事でした。

ここで荘子《そうし》の言葉を一つ取り上げてみましょう。

荘子は、老子とセットで「老荘思想」と言われるほどですから、非常に近い世界観を持っています。

君子《くんし》の交《まじわり》は淡《あわ》くして水《みず》の若《ごと》く、小人《しょうじん》の交《まじわり》は甘《あま》くして醴《れい》の若《ごと》し。君子《くんし》は淡《あわ》くして以《もっ》て親《した》しみ、小人《しょうじん》は甘《あま》くして以《もっ》て絶《た》つ。彼《か》の故《ゆえ》無《な》くして以《もっ》て合《あ》ふ者《もの》は、則《すなわ》ち故《ゆえ》無《な》くして以《もっ》て離《はな》る。

荘子

立派な人の交わりというのは、淡くして水のようだ。

そうでない人の交わりは、甘くて、甘酒のようなものだ（ちなみに、「醴」は「甘酒」のこと）。

立派な人の付き合いは淡々としているが、それでいて親しみ深い。

そうでない人の付き合いは、ベタベタしていて、結局それで壊れてしまう。

深い理由もなく結ばれた相手とは、深い理由もなく離れてしまう。

まさに、人間関係の本質を表した言葉です。

かつての私は相手から悩みを聞いて、それを解消することに必死でした。

それ自体は間違っていたとは思っていません。

「相手の悩みを解消する」はビジネスの基本でもありますし、人としても間違っているわけではありません。

しかし、当時の人間関係を振り返ってみると、やはり反省することばかりです。

三十代、四十代の私はビジネスを成功させたい一心で、人と付き合っていました。

私と一緒にビジネスをやれば、こんなふうに「ウィン・ウィン」ですよ、と。

荘子に言わせれば、ベタベタとした甘酒のような関係性かもしれません。

ときにそれが必要なこともありますし、ビジネスとして間違っているわけではありませんが、それが目指すべき人間関係かと言えば、大きな疑問が残ります。

そんなつきあいばかりをしていたら、荘子の言う通り、いずれ理由もなく離れていってしまうでしょう。

「徳孤ならず」とは真逆の状況です。

真の人間関係とは、そういうものではありません。

淡々としているが、親しみ深い。

頻繁に会ったり、しょっちゅう食事に行くようなことがなかったとしても、人としてきちんと向き合い、本心から「あなたと一緒に過ごしたい」「あなたと一緒に何かをしたい」と思える。

ここぞというときは、自己の最善を相手に尽くし切る。

目指すべきはそういう関係であり、そういう関係は長続きする。

そう荘子は説いているのです。

相手の様子を見ていれば、それが本当に自分のためを思ってくれているのか、もっと薄っぺらな思いで付き合っているのか、そのくらいはすぐにわかります。

薄っぺらな関係の人ほど、案外ベタベタしてくるものです。

ここでもまた登場するキーワードは「水」。

水はどんな料理にも合いますし、毎日飲んでも飽きることはありません。

一方の甘酒は、そのときは甘くおいしいかもしれませんが、すぐに飽きてしまいます。

真の人間関係とは「淡く、水のようなもの」なのです。

争っている時点で二流以下

老荘思想の大切な言葉に「不争謙下《ふそうけんか》」というものがあります。
「不争」とは、争わないこと。
「謙下」とは、謙虚な心です。

人生を通じてそうですが、特に人生の後半を迎えたならば「人と争うこと」はやめた方がいいでしょう。

私も若い頃は喧嘩っ早いところがありましたが、喧嘩をしていいことなど一つもありません。

争い事に勝ったとしても、争った時点でストレスは溜まりますし、その関係を修復するのには倍以上のエネルギーが必要です。

人生を勝ち負けで語るのもあまり適切ではありませんが、仮に勝ちを目指すとしても「争わずして勝つ」。それが最上だと孫子も語っています。

ただ「相手に合わせて、言いたいことを言わない」のではなく、上手にコミュニケーションを取りながらも、決して争わない。

人間関係の達人とは、そんなものです。

勝つにしろ、負けるにしろ、争っている時点で二流以下なのです。


そして、謙虚であること。

謙虚とはどういうことか。

あらためて考えてみると、それは単に「腰が低い」とか「へりくだっている」という姿ではありません。

それは「無力な自分を思い出すこと」。

誰でも新入社員の頃、右も左もわからないまま何もできず、途方に暮れたことがあるでしょう。戦力になれず、周囲に迷惑ばかりかけている自分に、やるせなさを感じたことがあるでしょう。

そんな無力感や無能感を噛みしめること。

それが本来的な謙虚な心だと私は捉えています。


自分が無力だと思い知れば、人に対して感謝の念を抱くようになります。

さらに、「もっと学ぼう」「誰からでも教えを請おう」と素直になれます。

もし、相手に対して「この人は間違っているんじゃないか」と思うことがあったら、そのときこそ「この人は、自分にはない何か大切なものを持っているんじゃないか」と思ってみてください。

そんな相手からも学べることがあります。

それこそが謙虚というものです。


不争謙下。

年齢に関係なく、いや、むしろ歳を重ねれば重ねるほど大切な概念ではないでしょうか。

その人の分まで生きてやろう

私が本書を書くにあたり、人間関係というテーマで、担当編集者からこんな質問を投げかけられました。

「老い」というテーマや「人間関係」について考えると、どうしても歳を重ねていくことで、親を亡くしたり、配偶者を亡くしたり、大切な友人が減っていくことは避けられないと思います。

そうした状況を私たちはどのように受け止め、乗り越えていけばいいのでしょうか。

私にとっても、本書を読むすべての人にとっても、素晴らしい問いかけです。
大切な人を失うことはたしかにあります。
人生において「避けられない出来事」です。
そのときは、辛く、悲しく、とてつもなく大きな喪失感を味わうでしょう。

しかし、そのときこそ**「その人の分まで生きてやろう」**と思う。

悲しむのも、もちろんいい。
寂しい思いは簡単には消えないでしょう。
しかし、いつまでも悲しみや寂しさに暮れているのではなく、悲しいからこそ、
その人の分まで生きてやろう。
人生には、まだまだ楽しいことがあって、楽しむときには、その人の分まで目一

杯楽しんでやろう。

大切な人を失ったのなら、自分の肉体を通して、その人が生きているかのように生きる。

そういうことが大切なのだと私は思っています。


本書で何度も述べた通り、私は二十五歳のとき瀕死の事故に遭いました。

そのとき、私は一度死んだのだと思っています。

あのときに死んだ自分の代わりに、今自分は生きている。

だからこそ、あのとき死んだ自分のためにも、精一杯楽しみながら生きようと決めています。


私もこれまでに頼りにしていた先輩を亡くしたり、かけがえのない親友を亡くしました。

私はその人たちの分まで生きてやろうと強く思っています。

喪失感はたしかにあります。

しかし「その人の分まで生きる」というのは非常に強いものです。

ただ生きるより、遥かに心を強くしてくれます。

ちなみに、儒家の思想にも「死者とともに生きる」「死者との共生」という要素がそこかしこに感じられます。

本章のテーマは「人間関係」。

これもまた忘れてはならない大切な「関係」です。

「人間関係」とは、淡々としつつも、親しみ深い、水のような関係を築くこと。大切な人を亡くしたとしても、その人との関係は続いている。

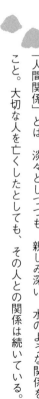

参考文献

明治書院　新釈漢文大系「論語」
明治書院　新釈漢文大系「老子・荘子」

田口佳史（たぐち・よしふみ）

1942年東京生まれ。東洋思想研究家。指導者学推進者。株式会社イメージプラン代表取締役会長、一般社団法人東洋と西洋の知の融合研究所所長。25歳の時、バンコク市郊外の農村で撮影中、突然水牛2頭に襲われ、瀕死の重傷を負うも奇跡的に生還。その入院中の老荘思想との運命的な出会いが、東洋思想研究家へと歩み出す契機となった。「東洋思想（儒・仏・道・禅・神道を有機的に融合させた思想や哲学）」を基盤とする独自の主張を構築・実践、数多くの企業経営者と政治家を育て上げてきた。地球はもはや「人新世」の時代に突入しており、あらゆる生態系に取り返しのつかない危機がもたらされるのではないかとの懸念から、知的財産ともいえる「東洋思想」をもって、その危機緩和・回避の一助を提供すべく世界に向けてニュースレターを配信するなど精力的に活動中。

田口佳史 公式サイト
https://www.tao-club.net

本作品は、当文庫のための書き下ろしです。

だいわ文庫

論語《ろんご》と老子《ろうし》の言葉《ことば》
「うまくいかない」を抜《ぬ》け出《だ》す2つの思考法《しこうほう》

著者 田口佳史《たぐちよしふみ》

二〇二一年五月一五日第一刷発行

発行者 佐藤靖
発行所 大和《だいわ》書房
東京都文京区関口一-三三-四 〒一一二-〇〇一四
電話 〇三-三二〇三-四五一一

フォーマットデザイン 鈴木成一デザイン室
本文デザイン 阿部美樹子
企画・編集 岩下賢作
編集協力 イイダテツヤ
本文印刷 中央精版印刷 カバー印刷 山一印刷
製本 中央精版印刷

ISBN978-4-479-30865-2
乱丁本・落丁本はお取り替えいたします。
http://www.daiwashobo.co.jp